JOSÉ AUGUSTO FIGUEIREDO

MY JOB
DOCE ILUSÃO

JOSÉ AUGUSTO FIGUEIREDO

MY JOB
DOCE ILUSÃO

Descubra quem você é
e construa a sua carreira

Presidente
Henrique José Branco Brazão Farinha
Publisher
Eduardo Viegas Meirelles Villela
Editora
Cláudia Elissa Rondelli Ramos
Capa
Dalcacio da Gama Reis
Produção Editorial
Crayon Editorial
Impressão
Edições Loyola

Copyright © 2013 *by* Editora Évora Ltda.
Todos os direitos desta edição são reservados
à Editora Évora.
Rua Sergipe, 401 — Cj. 1.310 — Consolação
São Paulo — SP — CEP 01243-906
Telefone: (11) 3562-7814/3562-7815
Site: http://www.editoraevora.com.br
E-mail: contato@editoraevora.com.br

DADOS INTERNACIONAIS PARA
CATALOGAÇÃO NA PUBLICAÇÃO (CIP)

F49m

Figueiredo, José Augusto
   My job – doce ilusão : descubra quem você é e construa
sua carreira / J. Augusto Figueiredo. – São Paulo : Évora,
2013.
   252 p. ; 16 × 23 cm.

   ISBN 978-85-63993-59-5

   1. Profissões – Desenvolvimento. 2. Orientação profissional.
3. Qualificações profissionais. I. Título.

CDD- 650.1

Jose Carlos dos Santos Macedo - Bibliotecário CRB7 N.3575

DEDICATÓRIA

Este livro é dedicado a todas as pessoas que buscam significado e desenvolvimento em suas múltiplas carreiras, num contexto de muita complexidade, ambiguidades e paradoxos.

DEDICATÓRIA ESPECIAL

Dedico este livro à minha filha, Helena, que atualmente, com 7 anos de idade, começa a observar ingenuamente os grandes desafios que o mundo que construímos lhe reserva.
À minha esposa que, além de seus desafios de carreira e mãe, há mais de vinte anos me apoia e me encoraja na busca de meus projetos pessoais e profissionais.

AGRADECIMENTOS

Agradeço a todos que se prontificaram a ler, criticar, redigir endorsements, promover ou apenas apontar caminhos no aprimoramento da obra.

AGRADECIMENTOS ESPECIAIS

Para Maria de Fátima Martins que me ajudou a organizar as ideias e a estrutura do projeto.
Para Caroline Pfeiffer, Cibele Alves e Mônica Ramos que contribuíram com ideias nos detalhes, logísticas e marketing e para Dalcacio da Gama Reis.

ENDORSEMENTS

"*My Job — Doce Ilusão* me remeteu ao estupendo trabalho de Joseph Campbell, no qual ele transforma narrativas de inúmeras civilizações ao longo da história que continuam a acontecer conosco, transformando-se em um arquétipo reconhecido por todos nós como a *Jornada do Herói*. José Augusto nos dá a oportunidade de reconhecer os personagens de sua trama retratados ora como Heróis ora como o Guia, em outro momento como os Ajudantes e até mesmo reconhecemos as batalhas que precisam ser travadas até a apoteose final. Mas, ao contrário do autor egoísta que quer para si o privilégio da autoria, José Augusto nos abre várias portas para que essa história seja nossa, para que sejamos coautores. É mais que um livro para ser lido, é um livro para ser coescrito, um livro que busca leitores protagonistas de suas carreiras, abrindo espaço para reflexão profunda sobre nossas escolhas profissionais. Além de um marcador de páginas, traga um lápis para a leitura!"

JOSÉ RENATO DOMINGUES
Vice-presidente de Recursos Humanos da Novelis South America

"*José Augusto,* inteligentemente, desafia os jovens profissionais a buscarem, da maneira mais honesta possível, autoconhecimento e entendimento daquilo que os fará profissionalmente sadios e realizados. A partir daí, os conclama a corajosamente abraçar suas próprias questões e caminhos a trilhar. O professor Frank, mentor que todos encontramos ao longo da vida com outros nomes e currículos, serve de permanente estimulador, iluminando o caminho de nossos jovens protagonistas, que percorrem realísticas trajetórias, com as quais nos identificamos a todo momento. Creio que José Augusto presta um inestimável serviço aos leitores que estejam em momentos de carreira e vida semelhantes ao dos protagonistas, uma vez que os temas e questões abordados são atemporais e pertinentes a todo e qualquer jovem que, deixando a vida acadêmica, se aventura a iniciar no mundo corporativo/profissional. Fica aqui minha sugestão para que este livro seja o primeiro de uma série, onde José Augusto, com sua vasta experiência e sensibilidade, possa novamente encaminhar distintas questões à profissionais que hoje encontram-se em idades e momentos outros de suas carreiras."

André Ricardo Balbi Cerviño
Presidente da Rexam Américas

"*My Job — Doce Ilusão* é uma ótima leitura, não apenas para quem busca respostas e inspiração nos questionamentos iniciais da carreira profissional, mas para os mais experientes, que lidam com jovens no seu dia a dia e com a necessidade de formar profissionais competentes, motivados e engajados na cultura das empresas. Foi com estes olhos que percorri o livro e me dei conta o quanto é importante acompanharmos os jovens profissionais, dedicar-lhes tempo e orientá-los no início de carreira. Nem todos têm um professor Frank para recorrer, e muitas vezes este papel pode ter que ser feito dentro das próprias empresas."

Leonardo R. Linden
Vice-presidente da Marketing Raízen

"Num convite à reflexão sobre nossos sonhos e nossas escolhas, o experiente consultor José Augusto Figueiredo desfila a insegurança, a angústia e a incerteza do jovem face à atormentada transição da escola para o trabalho. É manual de sobrevivência para os que estão em início de carreira na 'selva' competitiva do ambiente corporativo: ambição, cobranças, conflitos, dilemas, expectativas sociais, frustrações, hostilidades, incentivo, motivação, reconhecimento, valores... Do pessoal ao profissional, tudo passa por este livro que valoriza também o papel do mentor."

Eduardo Simbalista
Jornalista e Consultor

"Este livro não é para aqueles que estão felizes na sua zona de conforto. Não se deixe enganar, apesar da linguagem leve e até descontraída, trata-se de um manual técnico que serve a dois propósitos. O primeiro é um passo a passo para quem está procurando uma nova maneira de aplicar suas competências únicas (comportamentos, habilidades, atitudes) ou buscando uma nova "ocupação" (podendo ser um emprego, ação de voluntariado ou de empreendedorismo). A segunda aplicação é como *coaching* de carreira. Para profissionais de todas as idades e momentos no ciclo de vida pessoal ou profissional, ***My Job — Doce Ilusão***, pode ser uma ferramenta fundamental para ajuda-los a (re)encontrar o seu papel no mundo. Ler a saga desses jovens foi uma viagem, uma viagem no tempo e no espaço. Já nas primeiras páginas me vi novamente nos corredores da minha faculdade. Frequentei muitos dos lugares visitados por Caio, Cláudia, João e Leleco. E, assim como eles, experimentei os mesmos sonhos, ambições, dúvidas e medos. Reencontrei amigos e revivi conversas e situações semelhantes às relatadas no livro. Esta obra me auxiliará na desafiadora tarefa de aconselhar pessoas de todas as idades no meu dia a dia como profissional de recursos humanos. Além disso, ***My Job — Doce Ilusão***, foi uma provocação: me proporcionou um momento para pensar sobre a minha própria vida e carreira. Refletir sobre se estou sendo verdadeiro com o jovem que se formou há 25 anos com certos objetivos para sua vida. Seja o protagonista da sua vida. Reescreva seu futuro agora. Ainda há tempo."

MARCELO NÓBREGA
Vice-presidente de Gestão de Pessoas da TAM

"O livro ***My Job — Doce Ilusão*** é surpreendente! Apenas um *coach* experiente como o autor teria condições de escrever com tamanha sutileza sobre questões tão complexas do mundo do trabalho e das escolhas profissionais. Considero o livro leitura compulsória para *coaches* e *coachees*."

FLÁVIA FEITOSA SANTANA
Coach e Consultora de Desenvolvimento Organizacional

"***My Job — Doce Ilusão*** é uma leitura leve e divertida sobre reflexões profundas. Quatro universitários que, como nós, personagens de todas as idades, vivem dilemas a respeito de suas vidas e carreiras. José Augusto nos dá a oportunidade de nos inserir em seu enredo como um personagem que experimenta refletir sobre suas escolhas e revisita-las de forma didática e com o presente de ao final da leitura termos nossos registros."

CAROLINE PFEIFFER
Diretora Comercial da LHH|DBM

"Ser escolhida para endossar este livro, apoiar esta ideia e refletir sobre a decisão do José Augusto tornar-se escritor foi muito intrigante. Nos conhecemos há mais de dez anos, acompanho sua trajetória como profissional. O meu desafio durante a leitura de ***My Job — Doce Ilusão*** foi conseguir distinguir a voz do executivo, presente na minha memória, e a voz do escritor. O que ele estaria trazendo? Que pensamentos e imagens me suscitariam? Doce Ilusão! Pensamentos e imagens embaralhavam-se. Forcei meu pensamento, organizei as imagens e escolhi conhecer o escritor: sua proposta, suas ideias, seus sentimentos, valores, seu conhecimento. Com este espírito, desfolhei cada capítulo com satisfação. Encontrei na narrativa personagens jovens, com escolhas complexas, iniciando uma vida adulta. Término da faculdade, exigências das famílias e da sociedade sobre o que fazer no dia seguinte da graduação e dos estágios iniciados. O livro escrito em trinta capítulos conta a trajetória e as escolhas profissionais de quatro amigos. As experiências de vida de cada um oscilam entre casos engraçados, astuciosos, emocionantes e reflexivos. A existência do personagem Frank como mentor/professor deste grupo trouxe conhecimento, orientação e método, aprofundando o tema do livro: carreira, projeto de vida, mudanças, transição. ***My Job — Doce Ilusão*** revela o escritor que, com a ajuda dos personagens, levará os leitores a perceberem a escolha profissional, o que precisam saber sobre o que fazer, se e como a formação acadêmica influencia a trajetória, os valores que orientam uma tomada de decisão, a relação mercado e oportunidades e... Contenha sua curiosidade! Se você gosta do exercício de ir percebendo como construir sua carreira, vá em frente com a leitura e divirta-se."

SANDRA MARQUES
Consultora biográfica e Consultora sênior da LHH|DBM

"***My Job — Doce Ilusão*** é uma leitura prazerosa e rica em *insights*. A busca dos quatro amigos pelo melhor caminho a ser percorrido, sempre com a orientação genial do professor Frank e suas perguntas provocativas, mostra o enorme leque de opções com que nos confrontamos no nosso dia a dia. José Augusto foi extremamente feliz na escolha dos perfis bem diversos dos personagens principais, cada um representando um pouco de nós todos — ambicioso, relaxado, responsável, rebelde —, e na dimensão de realidade do texto, com diálogos inteligentes e divertidos. As situações apresentadas, as questões sobre ética, motivação, alinhamento pessoal aos princípios das empresas, empreendedorismo, entre outras, certamente vivenciadas pelo autor em sua larga experiência como executivo e consultor, são corriqueiras nas nossas vidas pessoais e profissionais, o que reforça a importância do texto como leitura obrigatória para os jovens em início de carreira, mas será também uma ótima referência para os profissionais mais experientes nos momentos de reflexão sobre os seus rumos profissionais."

JOÃO RICARDO DE SIQUEIRA CAVALCANTI
Diretor de Recursos Humanos e Comunicação da Lafarge Brasil

"Que delícia acompanhar as angústias e incertezas desses quatro jovens e o sábio professor Frank em *My Job — Doce Ilusão*. O livro nos faz refletir de uma maneira leve, porém, com profundidade. Uma leitura fascinante não só aos jovens, mas para todos que querem refletir sobre suas escolhas e carreiras. Leitura essencial também aos pais que, muitas vezes, projetam nos filhos seus sonhos não realizados e querem direcionar suas carreiras."

MÔNICA RAMOS
Diretora de Transição de Carreira da LHH|DBM

"Na Endeavor, temos o prazer de contar com os conselhos e orientações do José Augusto a diversos profissionais, empreendedores e nosso próprio time, composto em grande parte por jovens. É uma experiência única ver como ele transformou e compartilhou com o leitor esse conhecimento por meio do professor Frank e criou uma atmosfera de identificação entre os personagens, com todos os seus desafios, realizações, medos e sonhos. Com isso, abre as portas para uma reflexão sobre nossas carreiras e, por que não, nossa própria vida, fazendo com que *My Job — Doce Ilusão* seja uma viagem onde a chegada muitas vezes pode ser a partida, para nos levar de encontro com nossos verdadeiros objetivos. E vale 'ganhar um tempo' para conhecer melhor quem nos acompanha sempre: nós mesmos."

ILLAN SZTEJNMAN
Gerente Regional da Endeavor

"*My Job — Doce Ilusão* nos apresenta com leveza e profundidade dilemas pessoais e profissionais de um grupo de jovens personagens que tem características com as quais todos nós nos reconhecemos em diversas fases das nossas vidas — muitas vezes, sem ter a orientação de alguém que pudesse nos ajudar a enxergar a situação de outras formas, assim como o fantástico Frank faz com esses jovens. Considero que esse livro será de extrema importância para reflexão de profissionais experientes sobre situações que poderiam ter sido resolvidas de outras formas e também de plataforma para projeção de situações que jovens profissionais encontrarão no inicio e ao longo de suas carreiras. José Augusto, com muita sensibilidade e profundo conhecimento, nos guia e provoca a reflexão, colaborando nessa viagem romântica, envolvente e emocionante."

ALAN JAMES
CEO e Diretor de Inovação da Biruta Soluções Mirabolantes

Sumário

Prefácio 15

CAPÍTULO 1   Fim de semana na serra de Petrópolis — julho de 2011 . . 19

CAPÍTULO 2   Na cantina das ilusões — março de 2004 25

CAPÍTULO 3   A pressão e a cobrança moram ao lado 31

CAPÍTULO 4   Princípios, meios e fins 37

CAPÍTULO 5   Dilemas do Eu 45

CAPÍTULO 6   Na crista da onda 51

CAPÍTULO 7   O buraco é mais embaixo 59

CAPÍTULO 8   Ser o quê quando crescer? 67

CAPÍTULO 9   Que diferença eu faço? 75

CAPÍTULO 10   Saber dizer não 85

CAPÍTULO 11   Desconstruir para reconstruir 93

CAPÍTULO 12   Onde estão as oportunidades? 103

CAPÍTULO 13   A solidão entre o Eu e o Outro 111

CAPÍTULO 14   Portas que se fecham e janelas que se abrem 121

CAPÍTULO 15 Uma questão de significado 131

CAPÍTULO 16 A verdade sempre brota 139

CAPÍTULO 17 Todos queriam ajudar, mas não sabiam como 145

CAPÍTULO 18 *Pit stop*, todos precisamos 151

CAPÍTULO 19 *Insight* 159

CAPÍTULO 20 Que loucura! Onde estou? 167

CAPÍTULO 21 Desencontros no reencontro 173

CAPÍTULO 22 Vida de propósito 183

CAPÍTULO 23 Objetivos alcançados e a alcançar:
o ímpeto empreendedor – janeiro de 2007 191

CAPÍTULO 24 Invasão de privacidade? 197

CAPÍTULO 25 Finalmente! 205

CAPÍTULO 26 A teoria em prática 213

CAPÍTULO 27 A vida que pede espaço para vida 219

CAPÍTULO 28 As dores do crescimento 229

CAPÍTULO 29 O sucesso não nos pertence 237

CAPÍTULO 30 Legado de uma vida – julho de 2011 243

Prefácio

Há alguns meses, José Augusto Figueiredo e eu estávamos no palco do Fórum sobre Profissões do Futuro do Congresso Nacional de Gestão de Pessoas, da ABRH, em São Paulo. As nossas intervenções oscilavam entre no que as novas tecnologias transformarão as carreiras das pessoas e quais são os mecanismos universais para se encarar todo tipo de mudanças. Quando a plateia pôde se manifestar, as perguntas se voltaram mais para o dia a dia dos profissionais. Menos teoria e futurologia, mais ferramentas para lidar com o desconhecido, pareciam querer dizer. A avaliação da sessão foi muito positiva, mas acho que os painelistas curtiram mais o debate do que os participantes do fórum. É sempre boa uma disputa em público, às vezes com posições nem sempre coincidentes, com dois amigos que se respeitam e que gostam de desafiar suas crenças sobre as áreas que pesquisam continuamente e nas quais trabalham profissionalmente.

Na saída do auditório, José Augusto me disse que estava finalizando um livro e que desejava que eu fizesse o seu prefácio. Indaguei sobre o assunto da obra e sua resposta foi que em breve me enviaria uma versão inicial. Curioso, tentei adivinhar qual aspecto técnico o autor teria escolhido, já que é especialista em planejamento de carreiras e em *coaching*, além da experiência como executivo de marketing e operações em grandes empresas. Ao ler os originais, para minha agradável surpresa, vi que *My Job — Doce Ilusão* é o relato romanceado sobre quatro colegas de universidade e suas emoções a respeito de como irão se inserir no mercado de trabalho e como, de fato, entram no jogo. O fio condutor dos episódios é um professor, admirado e procurado pelos estudantes. José Augusto constrói esse personagem com maestria, impedindo que ele se comporte como mentor ou como consultor; o mestre interage com seus discípulos como *coach*, fazendo-os buscar seus próprios caminhos, sem respostas prontas.

Os personagens vão mostrando como a carreira depende majoritariamente do seu próprio "titular" e não da empresa ou de uma tendência de mercado. Fez-me lembrar o título do meu livro de 1991 (hoje fora de catálogo) *Carreira: Manual do Proprietário*. Mas aquele ainda era um tempo em que muitos imaginavam o "emprego para toda a vida" como uma panaceia. E por isso era preciso falar com estardalhaço, até mesmo na capa das publicações, sobre a precedência do indivíduo sobre a corporação. Atualmente, as empresas têm ciclo de vida mais apertado em razão de alianças, das fusões, das aquisições, da economia globalizada... E os talentos de quem elas dependem têm muito mais estímulos para pensar e repensar seus próximos passos.

É claro que José Augusto não perde a viagem e, ao final de cada capítulo, pede ao leitor para fazer suas próprias reflexões a partir do estímulo da história dos quatro amigos. Sim, a obra é uma simbiose de ficção e não ficção. As experiências de vida dos jovens desenrolam-se como num roteiro bem bolado de um filme. E, como num bolo de rolo pernambucano, suas camadas são entremeadas por um recheio de indagações do especialista em *coach* e em carreiras. Ao final do livro, portanto, serão dois os autores: José Augusto e o leitor.

Agora em forma de livro que em boa hora a Editora Évora publica, esse dois planos que se entrelaçam emulam a prática usada no

PREFÁCIO

país, a partir do final do século passado, de interromper a narrativa de um filme famoso e extrair lições para os profissionais de uma corporação, usualmente em intervenções ligadas ao lançamento de artefatos culturais ou à discussão dos seus valores e princípios. Embora relativamente efetivos em seus resultados, essas iniciativas demandavam um enorme esforço para concatenar aspectos específicos da obra cinematográfica com a demonstração de um comportamento desejado na instituição. Em *My Job — Doce Ilusão*, as narrativas fluem com interesse contínuo e as "pausas para reflexão" são recomendadas como se fossem completar um "diário de bordo" do leitor. Creio que, para aqueles mais entusiasmados com suas carreiras, este livro e mais as reflexões do diário de viagem façam o "volume" dobrar de tamanho. Ou não, se o leitor utilizá-lo como um palimpsesto, "apagando" situações que já ficaram para trás para substituí-las por novas ideias e iniciativas.

Mas permitam-me voltar ao comentário de que a obra parece um bom roteiro cinematográfico. Por vezes, durante sua leitura, flagrei-me em devaneios a imaginar que eu era o diretor de *casting*, responsável por indicar artistas para cada papel da trama. Perscrutando o largo espectro dos bambas da dramaturgia nacional, quem eu escolheria para viver na tela os personagens de uma garota e três garotos que têm mais encruzilhadas do que estradas à sua frente? E quem seria o professor, que ajuda os jovens sem nunca servir-lhes de muleta? O filme teria uma música como tema central, porém sua letra deveria ser de provocação, de busca; se esse fosse um bom caminho, usaria uma música conhecida ou pediria uma composição inédita de um jovem talento?

Carregado de décadas de experiências profissionais, terminei de ler os originais e, várias vezes, me perguntei como reagi em situações análogas às dos quatro amigos. Poderia ter tomado decisões de carreira diversas daqueles caminhos que eu mesmo busquei construir? No meu retrospecto, procurei achar a imagem de quem atuou como *coach* quando eu estava nos bancos da universidade ou nas primeiras experiências como estagiário e *trainee*. E, mais do que isso, rememorei quando pude agir como *coach* e verifiquei se agreguei valor às carreiras de quem me deixou fazer perguntas desafiadoras.

Mas — e principalmente — essa viagem no tempo me levou a olhar para o futuro. No que posso melhorar como profissional de gestão de talentos e como entidades da feição da ABRH, ABTD e outras podem ajudar na discussão da melhoria constante da prática do planejamento e da administração de carreiras?

Confesso que, ao fim e ao cabo da leitura e da releitura, ficou-me um gostinho de quero mais. Espero que o *My Job — Doce Ilusão* logo seja seguido da narrativa sobre o que terá acontecido com as trajetórias profissionais dos quatro amigos.

NELSON SAVIOLI
Superintendente Executivo da Fundação Roberto Marinho e Diretor
Voluntário da ABRH Nacional para Assuntos Internacionais

CAPÍTULO 1

Fim de semana na serra de Petrópolis — julho de 2011

João observava Cláudia sem que ela percebesse.

Na grande sala da casa de Petrópolis, a única mulher no recinto, levemente alterada emocionalmente, falava sem parar, exibindo toda sofisticação na maneira de se expressar conquistada com sua refinada educação que desde a vida em berço lhe foi proporcionada. Não era à toa que João sempre fora fascinado por aquela jovem, agora uma mulher mais experiente e calejada pelas primeiras marcas da vida adulta. Ela exalava a mistura entre insegurança e resolução. Qualquer mulher que se expressasse como Cláudia seria percebida como poderosíssima, mas nela era fascinante o contraste entre a determinação e a ingenuidade. A energia dela tornava-a charmosa, cativante e atraente. Desde o início João foi seduzido a dar colo para ela.

Fazia frio naquela noite de julho e todos estavam ao redor da grande lareira da sala principal da casa de campo da família de Cláudia. Uma mansão construída por seu avô materno, localizada em um condomínio de mansões a 4 quilômetros do centro de Itaipava. A casa possuía o pé direito com quase 4 metros, era bem arejada e com janelas enormes, o que ampliava a sensação de frio, e ainda era cercada por um jardim maravilhoso. Com oito quartos, a casa sofreu modernizações ao longo do tempo, conjugando o estilo clássico com o que havia de mais moderno e aconchegante. Era nessa casa que o grupo de amigos se recolhia nos momentos de comemoração para celebrar conquistas regadas a muitas caipirinhas, vinhos e churrasco e, às vezes, refletindo diante de enormes desafios que a vida os oferecia.

— Pessoal, eu estava pensando aqui com meus botões... Como saberemos se acertamos nas nossas escolhas até agora? Minha mãe jamais me perdoou por não me tornar uma executiva internacional ou diplomata. Ela tentou de tudo para que eu fosse estudar em uma universidade de renome no exterior. Quase me bateu quando desisti do processo no Instituto Rio Branco. Tem gente que fala que mãe sempre tem razão! — refletiu Cláudia em voz alta.

"Mas a Cláudia está se superando a cada dia. É fascinante. Que mulher!" João era incomodado por este pensamento recorrente. "O que eu perdi!", martelava seu pensamento.

— Ela sempre me pressiona para arrumar uma posição melhor junto aos amigos de meu pai. Brada em alto tom que não importa se gosto ou não do meu trabalho atual, e que o mais importante seria saber por qual porta entrei e por quem fui indicada. Que saco! — desabafou Cláudia.

"Cláudia está cada dia mais sedutora com essas questões existenciais dela. É intrigante demais. Assim não vou resistir!", João só pensava nisso.

O som da voz de Cláudia se esvaeceu no ambiente. Os quatro amigos silenciaram por alguns minutos. Além do frio que os encolhia, existia uma tristeza no ar.

A partir do dilema de Cláudia, João se encontrou com os seus. Quando mais jovem ele sempre pensou em ser piloto de caças da Academia de Força Aérea. Naquele momento, ele lembrou como foi frustrante não conseguir realizar seu sonho de menino por causa de uma pequena

FIM DE SEMANA NA SERRA DE PETRÓPOLIS — JULHO DE 2011

deficiência visual. Acabou escolhendo Administração de Empresas, pois acreditava que o leque de oportunidades de trabalho seria amplo. Nitidamente estava claro para ele que decidiu, talvez, por uma questão de mercado e não por uma paixão interior. Todavia, tudo aquilo era passado. Por linhas tortas a vida havia lhe reservado algumas surpresas.

Caio, que estava sentado no chão alimentando a lareira com pequenas lascas de madeira, saiu de Minas Gerais para estudar na cidade grande, com a ideia de tornar-se doutor. Não médico ou advogado, mas doutor, como gente poderosa, "gente que manda", como se dizia em sua terra, aquele cara que todos reverenciam e admiram. Sempre metia a cara nos estudos. Na época da faculdade, a turma o identificava como "cdf". E ele ainda fazia o favor de se vestir com roupas bem bregas. Era um prato cheio para os gozadores de plantão. A escolha pela Administração estava ligada a obstinação de se tornar um executivo, um CEO (*Chief Executive Officer*), dirigir uma grande multinacional e, claro, ganhar muito dinheiro. Com certeza, daquele grupo, ele era o mais determinado a conquistar o mundo.

Leonardo estava jogado no sofá de couro branco, com metade da face em uma taça de vinho, também pensando em como conseguiu chegar a seu atual momento. Realmente as inquietações de Cláudia e o momento que experimentavam provocava uma nostalgia geral. Conhecido como Leleco, Leonardo era o mais velho e, ao mesmo tempo, o mais jovem da turma. Sempre leve e despreocupado, o que para ele ainda realmente importava era descer em grandes ondas com a sua *gun*. Seus pensamentos oscilavam entre aquele momento de reflexão e o mar. Concluía que sua escolha acabou acontecendo de forma estranha. O dia que fez seu aerial 360 foi o mesmo em que a namorada o deixou. Ela dizia que seria um "Zé Ninguém" se não estudasse. Naquele dia, sem a menor referência ou noção do que se tratava, também escolheu estudar Administração.

— Cláudia, agora não adianta mais. Tudo isso é passado. Já estamos envolvidos com nossas escolhas. Aquela época já foi. Vamos ter de seguir o rumo que escolhemos. Bola pra frente! — Leleco inesperadamente se manifestou.

— Cara, do jeito que você fala parece que não temos mais tempo de mudar nossos caminhos e escolhas. Já parou para pensar que a qualquer momento podemos trocar o rumo? — Caio replicou, sem gostar das afirmações taxativas de Leleco.

— Olha só quem fala! O garoto prodígio, casca grossa, que tudo sabe e nunca admite que erra! — João não perdeu tempo, saindo em defesa de Leleco.

— Meninos... Mantenham a classe. Não vamos começar. Pelo menos finjam que são educadinhos! Pelo menos hoje — pediu Cláudia com um olhar perdido, já antecipando o tipo de discussão que viria daquela provocação de João.

"É impressionante como eu ainda gosto dela", João pensava em ter Cláudia desde quando a viu na lanchonete da universidade, de cabelos molhados e uma camiseta do U2.

— Bom, eu realmente não tinha a menor ideia do aprendizado desses anos pós-faculdade. Lembro que todos nos diziam que a vida aqui fora seria uma selva, que seríamos reprovados por ela... — João manifestou sua opinião para mudar o rumo da conversa, tentando agradar Cláudia.

Cláudia o agradeceu com os olhos apesar de tudo o que sentia. De onde estava não percebeu o olhar de desejo incontrolável que João deixou escapar. Agora, ele se sentia mais maduro e estava prestes a se casar com outra mulher.

— Lá atrás, tudo o que mais queria saber era o que eu seria no futuro! Será que consigo empreender em qualquer empresa? — Cláudia revelou uma antiga insegurança.

— Cláudia, você está no mesmo impasse da música que está tocando: *ainda não encontrou o que está procurando* depois de tudo que vivemos? — João fez graça.

Leleco e Caio se entreolharam com ar de que estavam sobrando naquela conversa, pois sabiam o que João ainda sentia por Cláudia.

FIM DE SEMANA NA SERRA DE PETRÓPOLIS — JULHO DE 2011

Apesar dos anos de amizade, Caio ainda se sentia fora do aquário quando os assuntos tocavam a esfera das emoções na companhia dos amigos. Esforçava-se para acreditar que sabia muito bem o que queria e como conquistaria seus objetivos. Afinal de contas, estudou e trabalhou horas e horas para ser o melhor. E, muitas vezes, imaginava que poderia ter tudo o que quisesse. Ficava incomodado com a aparente falta de garra dos outros.

— Vocês realmente ainda têm dúvidas do que querem? Que tipo de profissional vocês ainda pretendem ser? Achei que estavam satisfeitos — Caio insistia em seu modelo.

— Caio, você já trabalha numa grande empresa. Mas será que isso significa que tudo tá resolvido? — perguntou Leleco.

— E vocês estão esperando o quê? — Caio alfinetou.

— Caio, aparentemente você já definiu seu caminho. Nós nos questionamos porque, talvez, nossas escolhas tenham sido feitas de forma imatura ou, ainda, por falta de opção — João tentou explicar apesar de tudo que havia conquistado.

— Acho que esse é o ponto! E se tivesse sido diferente, o que mudaria hoje? — exclamou Cláudia parecendo descobrir o sentido daquela conversa.

— Então, se é assim só posso sentir muito por nós, pois existirão muitas possibilidades — respondeu Caio caminhando em direção à copa.

— Pessoal, vamos comer alguma coisa. Acho que Caio tem razão, esse papo não nos levará a lugar algum. Era nessas horas que o professor fazia a diferença — Cláudia anunciou com a voz embargada, aproveitando o movimento de Caio.

— É! As perguntas dele eram *show*! — Leleco relembrou.

"Tem uma que não sai da minha cabeça: por que não me casei com você?", João pensou.

CAPÍTULO 2

Na cantina das ilusões — março de 2004

Os corredores estavam repletos e todos tentavam encontrar as próprias salas para assistirem às aulas daquele dia. O tradicional calor carioca era maior dentro das estruturas de concreto da universidade. O volume das vozes impedia qualquer diálogo inteligível. O início do ano letivo exigia paciência para os novatos e para quem estava a caminho de novos horizontes fora do campi.

Todos os tipos de gente chegavam de diversos lugares, com energia descompromissada e empolgante, peculiar ao início das aulas. Caras conhecidas e outras novas no pedaço. De um lado meninas em grupinho falando sem parar, de outro os meninos prestando atenção nas calouras e fazendo planos paras festas que viriam ao longo do semestre.

Do lado dos veteranos não se observava a mesma coisa. Andavam rápido, com semblante mais sério, parecendo que não tinham tempo a perder, pois em breve estariam de frente com a dura realidade competitiva do mercado de trabalho.

Como vinha acontecendo desde o início do curso, os quatro amigos se reuniram na cantina do 9º andar, conhecida como "Ponto de

Encontro", com as línguas coçando para contar e saber das novidades. Estavam sem contato diário há quase dois meses e queriam saber das novidades.

Os sofridos salgadinhos da cantina, sempre frios e gordurosos, desanimavam qualquer um a experimentá-los. Jogá-los no micro-ondas só piorava a situação. O que salvava a galera da fome eram os sanduíches feitos na hora. Apesar de todos serem a favor da venda de cerveja, ela era proibida naquele espaço. Para tomar cerveja a turma tinha de sair e atravessar a rua para encontrar os tradicionais botecos da Rua São Francisco Xavier. Era lá que o bicho pegava, principalmente nos dias de jogos no Maracanã, que fica ao lado da universidade. Na realidade, o que realmente valia a pena na cantina era o café superquente e forte que logo cedo acordava a turma para provas ou apresentações. E, claro, o atendimento de dona Mirtes, sempre sorridente e contadora de piadas de português inesquecíveis.

Cláudia já conversava com João quando sentaram às mesas descascadas e arrumaram-se nas cadeiras como de costume: Cláudia, Caio, João, Leleco. Malandramente João se aproveitava que Caio evitava sentar-se ao lado de Leleco e ficava de frente para Cláudia.

— Galera, estou desolada. Terminei com o Fernandinho. Eu estava ficando doente — Cláudia desabafou sem o menor sentimento de tristeza.

"Isto é bom demais para ser verdade", João pensou, porém sem demonstrar a alegria com a notícia. Era tímido demais para declarar seu amor.

— Ah, Cacau, o cara era um *mala*. Sem sentido você levar o *jojolão* a sério. Tanta gente por aí na sua e você nem aí — Leleco se colocou na disposição de discutir a relação.

— Leleco, não faço ideia do que é *jojolão*, mas combina contigo — Caio soltou a primeira graça da volta às aulas.

"Por que ela não me enxerga como candidato? Deve ser porque sou desajeitado. Sem atrativos. Será?", João se fazia de vítima.

NA CANTINA DAS ILUSÕES — MARÇO DE 2004

— Ah, já nem ligo mais se o cara é bonito ou baixo. Inteligente ou burro. O que quero é um cara que se coloque — reclamou Cláudia lançando o corpo para frente impedindo que Caio e Leleco se olhassem.

— Pô, João, apresenta um *brother* seu para a Cacau! Você é um cara gente fina. Deve ter um monte de amigos assim — Leleco sugeriu.

— É mesmo, João. O Leleco deu uma ótima ideia — Cláudia se empolgou.

João fingiu que não escutou nada do que foi dito nos trinta segundos anteriores e desconversou:

— Cláudia, você foi para Disney?

— Querido, fui à Disney Hollywood Studios, assisti a "Beauty and the Beast". Que espetáculo de musical! — Os olhos de Cláudia reviraram.

Cláudia tinha verdadeira adoração pela história de vida de Walt Disney. Ele se transformou numa lenda e era recordista de Oscars entregues e indicados. Seu ídolo, sem dúvida. Nas suas pesquisas descobriu que ele foi iniciado na Ordem DeMolay, uma sociedade discreta patrocinada pela Maçonaria, inspirada no 23º e último Grão-Mestre da Ordem dos Templários, o nobre francês Jacques De Molay, morto por não ter confessado as acusações de prática de diversos crimes. Disney foi o criador de um mundo de referências no imaginário infantil em sucessivas gerações: Branca de Neve e os Sete Anões, Cinderela, Mary Poppins, Vinte mil Léguas Submarinas, Pinóquio, Fantasia, Bambi etc. As histórias dos personagens de desenhos animados que passavam por conflitos interiores e que muitas vezes eram obrigados a lutar com os próprios demônios internos, além, claro, de estarem no meio de alguma disputa externa, sempre a encantaram. Nas férias, Cláudia tomava rumo aos parques temáticos da Disney espalhados pelo mundo. Adorava viajar sozinha.

O movimento da cantina começou a diminuir, mas uma grande parte dos alunos já havia decidido matar as próximas aulas. Levantaram-se e começaram a caminhar pelos longos corredores em direção à sala de aula.

No trajeto Caio observou o quanto Leleco deveria ter surfado naquelas férias. A cor da pele do amigo não negava que passou algum tempo exposto ao sol. A ilha de Fernando de Noronha foi seu destino. Conheceu as trilhas todas, mergulhou em águas de 26 graus, com visibilidade de até 50 metros na horizontal. Ficou fascinado com a diversidade de vida marinha e fez mergulhos de até 12 metros de profundidade.

— Enquanto você estava "afundando", eu estava no estágio dos sonhos de qualquer futuro recém-formado — Caio sentiu prazer em provocar Leleco.

— Conta tudo, Caio. Como foi? Qual a área? — perguntaram os três.

— Comecei em um setor da empresa, mas já estou em outro. É uma multinacional farmacêutica. O objetivo do programa é que eu conheça toda a empresa para ter uma visão geral dos negócios e gerenciar as necessidades pra atingir melhores resultados. Vou aprimorando minhas competências até conseguir cargos gerenciais. — Caio sentiu-se orgulhoso em repetir aquilo que escutou da área de treinamento com os amigos.

— Não entendi nada dessa parada de gerenciar as necessidades para atingir melhores resultados — exclamou Leleco, meio perdido.

De longe Cláudia avistou o professor Frank vindo na direção deles.

O professor Frank era um simpático professor de Ciências Sociais, que havia mudado da Alemanha para o Brasil há quase trinta anos. Adorado por seus alunos, enigmático por um certo ponto de vista, com seus quase 1,90 metro de altura e ainda com forte sotaque germânico, adorava levar os jovens a refletir sobre questões existenciais. O professor Frank parou na mesa deles e perguntou:

— Olá! Estão prontos para último ano de escola? — O entusiasmo em sua voz era visível.

Todos se encararam e ninguém respondeu.

— Já escolheram onde irão trabalhar? Não saber não é o problema. O problema é não saber o que precisam saber. — Os olhos azuis brilhavam. Professor Frank deu uma piscadela e saiu em direção ao elevador.

NA CANTINA DAS ILUSÕES — MARÇO DE 2004

PERGUNTAS PARA REFLEXÃO
Utilize o espaço abaixo para registrar anotações pessoais.

P Quando se procura um emprego ou trabalho, não parece pretensioso escolher onde se quer trabalhar? Não seria o mercado que escolhe, uma vez que você é o candidato?

P O que você ainda não sabe que precisa saber sobre seus próximos passos?

CAPÍTULO 3

A pressão e a cobrança moram ao lado

Cláudia suspirou ao chegar em casa depois de um dia inteiro de estudo. A cabeça estava a mil e desejava relaxar. Já no quarto, colocou o CD de música céltica para tocar. Seu contato com este tipo de música começou com Loreena McKennitt. O ouvido se acostumou com a voz suave, a gaita de foles, as flautas, as rabecas.

"Ah, adoro este tipo de música. Apazigua minha alma", pensou ao ouvir "Lift the wings", do *The Gaelics*.

Nos primeiros acordes, lembrou-se do artigo que leu sobre o movimento nacional irlandês que popularizou o universo celta nos anos 1960, quando marcou o cenário pop nos Estados Unidos, mas que explodiu mesmo nas paradas mundiais nos anos 1990. Como a grande maioria, ela também confundia o New Age com música celta, mas os estilos têm pouco em comum. O fato é que o povo celta não existe mais e há apenas a influência das sete nações celtas.

"Preciso me organizar para visitar esses lugares", imaginou-se já dentro do avião.

Mesmo a música acalmando sua mente, o que a incomodava, naquele dia, eram as provocações do professor Frank, que gostava de deixar os alunos intrigados. De fato, ele queria fazê-los pensar para que construíssem os próprios conceitos e trocassem ideias. As interpelações costumavam surtir efeito. A experiência de vida lhe garantiu a afirmação de que a grande maioria dos jovens não sabia o que queria fazer assim que concluía os estudos universitários.

Cláudia constantemente ficava encucada com a provocação do professor que defendia a ideia de que é possível escolher a empresa onde irá atuar.

"Adoro o professor Frank, mas não consigo imaginar como isto é possível. Como saberei se a empresa combinará comigo? Eu..", os pensamentos foram interrompidos com a chegada da mãe.

Cláudia ainda vivia com a mãe no bairro do Leblon. Já haviam passado alguns anos que seus pais tinham se divorciado. Elas moravam num *big* apartamento, quase esquina com uma das praias mais badalados do Rio. Sua mãe era a melhor definição de uma dondoca obsessiva, pessoa difícil de lidar, altamente exigente e preocupada com as aparências sociais, apesar das intenções maternas.

A mãe abaixou o som e perguntou como foi o dia. Cláudia queria tomar banho e vestir uma roupa confortável. Sabia que as conversas com a mãe eram intermináveis e, cotidianamente, terminavam em discussões sem propósito. Respirou fundo e disse que havia sido tudo tranquilo.

Rosália estava acostumada às respostas singulares da filha. Fingiu que ignorou a pouca atenção que lhe foi dirigida e perguntou se falou com o pai sobre um emprego ou algo do gênero. O único som que chegou aos ouvidos de Rosália foram as flautas da música, porque Cláudia a deixou falando sozinha ao tomar a direção do banheiro.

— Minha filha, você vai fugir desse assunto até quando? Quer dizer, você foge dos seus deveres. Já digo logo que xampus, perfumes, roupas e viagens custam dinheiro. Já falei que você precisa ligar para os amigos do seu pai que vão arranjar para você o melhor emprego — Rosália repetiu o discurso de sempre. — Não criei você para qualquer coisa. Você é uma menina preparada, culta, de boa linhagem... — insistia Rosália.

Cláudia sempre escutou esse falatório da mãe. Com 10 anos já ouvia suas aspirações para o futuro da filha. À época já era obrigada a compreender o significado da palavra "patrão", segundo o dicionário pessoal da mãe. Ela fazia parecer fácil e certo. O tempo mostrou para Cláudia que a mãe vivia em um mundo ilusório. Às vezes, pensava que não foi à toa que o pai pediu a separação. Os delírios de Rosália o perturbavam.

As festas que a mãe promovia no antigo nababesco apartamento na Lagoa eram regadas a Dom Pérignon, caviar Ossetra Malossol, foie gras Castaing. Cláudia se acostumou com o sabor de comidas de diversas regiões do mundo. Só não conseguiu se habituar às interferências excessivas da mãe em sua vida. Rosália era fútil. Nunca trabalhou. Tinha vida de madame.

Cláudia saiu do banheiro e já estava de pijama. Perdeu a vontade de comer. Mesmo assim, tentou argumentar com a mãe.

— Mãe, a gente pode jantar em paz? Sem esse tipo de conversa? — Cláudia disse em voz baixa.

— Nós sempre jantamos separadas mesmo. Você se tranca nesse quarto com estas músicas de funeral — Rosália reclamou.

— E por que será que isto acontece, mãe? Você já pensou a respeito? — Cláudia já sabia onde aqueles ataques chegariam.

— Porque você não consegue ver a realidade da vida. Meu sonho era que você fosse diplomata. Estudou nas melhores instituições, fala fluentemente quatro idiomas, viajou quase o mundo todo e por causa de um qualquer, escolheu Administração numa universidade pública brasileira! — A mãe estava enfurecida.

— Eu não aguento mais estas acusações... — Cláudia se desesperou e as duas começaram a discutir como de costume.

— Não se trata de acusações. Você me deve satisfações enquanto morar embaixo do teto desta casa — pressionou.

— Por favor, você pode me deixar sozinha? Preciso telefonar para alguém — Cláudia pediu, a voz embargada.

— Ligue para quem você quiser. Mas quero você à mesa para jantarmos juntas — ordenou Rosália.

Apesar de compreender a fragilidade e paranoia da mãe, Cláudia havia sido criada naquele modelo. E sentia no fundo de sua alma que ainda não estava totalmente liberta dele. Perdoava a mãe por compreender que ela viveu em um ambiente austero da aristocracia da época. Todavia, as questões ainda surgiam em sua vida na forma de insegurança, pois mesmo agindo com determinação na direção de suas escolhas, ela sentia medo das coisas não darem certo. Parecia que sua mãe sempre estava ali com o dedo em riste, dizendo: "Viu, não falei que você deveria fazer outra coisa?"

Assim que a mãe saiu, Cláudia lembrou do professor Frank e decidiu que iria encontrá-lo na próxima sexta-feira. Ao deitar, voltou a pensar nas palavras do professor, não compreendendo a lógica de ter de escolher uma empresa para trabalhar, ainda mais em um contexto com milhares de candidatos em busca de emprego e pouquíssimas vagas nas empresas.

"Será que o professor pensa igual a minha mãe?", pensou Cláudia.

:

PERGUNTAS PARA REFLEXÃO

Utilize o espaço abaixo para registrar anotações pessoais.

P Os pais normalmente buscam o que há de melhor para os filhos. Muitas vezes, sem perceber, acabam por projetar planos pessoais ou meramente os desejos e frustrações. Como foi com você? Como você compreende as atitudes dos seus pais e se preparar para não repetir o mesmo processo com seus filhos ou influenciá-los a serem diferente do que você foi ou é?

CAPÍTULO 4

Princípios, meios e fins

O chefe de Caio o interrogava a respeito dos resultados do projeto "Sexto Dia", que promovia debates e palestras para a equipe de jovens talentos, como ele, que estavam participando do programa "Jovens Líderes", que ocorria aos sábados. Seu interesse era saber se todos compareciam aos eventos promovidos pela área de Recursos Humanos, já que ele respondia pelo *budget* investido na estratégia de incentivar os *trainees* a darem o melhor de si dentro e fora da empresa. Caio estava cuidando da supervisão do programa, no papel de monitor. Ele conquistou tamanha responsabilidade por se destacar constantemente em ações com resultados positivos e, claro, isso tinha um preço. Ele sabia que ainda não possuía vivência profissional para estar naquela posição que exigia demais dele, apesar da ambição que o impulsionava internamente. Caio ainda estava estudando e começou a procurar por estágios. Na busca, encontrou aquela empresa que também tinha programa de *trainee*. Ele se destacou em entrevistas e avaliações e a área de recrutamento enxergou que ele poderia ser um forte candidato a participar do programa.

A primeira reação ao ler o perfil exigido para um jovem talento foi se sentir inseguro. De forma geral, as empresas requeriam pessoas ousadas, criativas, empreendedoras e que queriam crescer na organização. Pediam habilidades e conhecimentos ainda em construção num jovem universitário. Que fossem dinâmicos, pensassem em soluções inovadoras para problemas cotidianos e que estivessem antenados em tudo. O que as empresas prometiam era o constante aprimoramento, oferecendo cursos de aperfeiçoamento, viagens de negócios e liberdade para pensarem na melhor solução para as conjunturas do dia a dia.

Caio se sentiu ansioso e inseguro, apesar de ser muitíssimo esforçado e estudioso. Foi com muito sacrifício que a família possibilitou que ele participasse de bons cursos e viajasse para aprender novos idiomas. Foi sacrificante para todos. Ele se via obrigado a corresponder à aspiração da família para que fosse "alguém" na vida. No fundo, já não sabia mais se esse imenso desejo de crescer era da família ou dele mesmo.

Ele aceitou o desafio e, mesmo ainda estudando, foi aprovado como *trainee*. No exato momento que recebeu a notícia de ter conquistado seu espaço, já se imaginou CEO em um futuro próximo. Até aquele momento, Caio havia passado pelas áreas de Marketing e Comercial. Estava ávido para continuar o caminho rumo às próximas posições: Produto, Gestão de Pessoas e Financeira. Ele também tinha esperanças de passar pela área Jurídica.

A real motivação que o impelia a continuar no treinamento o obrigava a aturar atitudes arrogantes e de indiferença por parte de alguns colegas que estavam na mesma situação que ele. Nessas horas, ele lembrava que a empresa oferecia ajuda de custo para a própria formação e participação nos lucros. E isso era tudo o que importava. Mesmo assim, não se sentia confortável para enfrentar disputas internas e questões políticas que, a seu ver, impediam determinadas ações que poderiam resolver problemas rapidamente.

Retornou ao momento presente para responder às perguntas de seu chefe e lá estava ele metido nos frequentes dilemas da vida corporativa. Caio tinha a relação de presença do mês e também a grande chance de se livrar de determinados *trainees* que o prejudicavam com pequenas ações que poderiam minar sua reputação.

— Caio, o que você tem a dizer a respeito de cada integrante do programa? Todos correspondem aos preceitos definidos? — Paulo José foi direto, na frente de toda equipe.

Paulo José tinha 43 anos. Ainda solteiro, estava na empresa há dezoito anos e trabalhava 12 horas por dia. Ostentava uma BMW e tinha fluência em três idiomas. Dono de um estilo pessoal pragmático e sem paciência para detalhes, era inteligente e culto. O que mais queria era cavar a oportunidade de ser expatriado e tornar-se diretor.

Caio se perguntou o que faria. Informaria ao chefe as armações de dois *trainees* para não estarem presentes aos eventos do sexto dia da semana? Ambos, quando tinham oportunidade, sabotavam suas ideias de forma muito sutil.

— Paulo José, existem algumas questões pontuais sobre alguns participantes que ainda não foram definidas. Assim que forem resolvidas, relatarei imediatamente. — Caio decidiu pela omissão.

O chefe olhou-o intrigado. Não estava acostumado a respostas evasivas. Afinal, sua pergunta foi muito clara. Como aquele jovem poderia ser tão audacioso?

— Rapaz, o que foi que você não entendeu da minha pergunta? Como você pode comparecer a uma reunião de definição de metas com questões para serem resolvidas sem um relatório completo? — P.J., como preferia ser chamado, foi incisivo.

— P.J., minha intenção é ser o mais assertivo... — Caio tentou se explicar.

— Você chama isto de assertividade? Quem você está protegendo? — o tom de voz de P.J. era impaciente.

Brotou em Caio um sentimento de revolta, que o faria responder de maneira malcriada, o que poderia impedir sua efetivação na empresa. Quando lembrou do porquê aquele futuro emprego era tão importante em sua vida, respirou profundamente. Olhou nos olhos de P.J. e respondeu:

— P.J., garanto que meus motivos são procedentes e verdadeiros. Não estou protegendo ninguém. Só não quero cometer injustiças. — Caio se manteve firme.

Na sala, todos permaneciam imóveis. Caio imaginou que todos escutavam as batidas de seu coração. P.J. parecia ser o mais insatisfeito, ainda mais com a convicção dele em não responder seus questionamentos. A garganta de Caio havia ressecado. Não descia uma gota de saliva. Os lábios estavam retos e tensos.

— Esta reunião precisa continuar. Vamos para o próximo assunto da pauta. Caio, quero falar com você quando terminarmos. — P.J. tomou a rédea da situação.

Caio consentiu com a cabeça e a reunião continuou como P.J. quis. Para Caio, ela terminou no instante em que P.J. exigiu sua presença na sala dele. Era só o que faltava, um confronto com seu chefe. O único *trainee* presente era ele. Os outros não tinham a menor ideia do que aconteceria ali. Ele também não.

"Por que decidi averiguar fatos? Onde quero chegar com este tipo de atitude?", Caio só conseguia se questionar.

Havia passado por tantos testes e provações durante a seleção. Pensou que o pior já tivesse acontecido: entrevistas, testes presenciais e *on-line*, dinâmicas reversas, apresentações... Parecia que não teria fim. Ao receber a notícia de que havia sido escolhido na empresa que tinha preferência, ele se sentiu capaz de enfrentar qualquer problema que surgisse.

Quando a reunião terminou, pediu licença para ir ao banheiro e se manteve protegido por algum tempo no único cubículo que tinha porta. Precisava se recuperar e se preparar para o confronto direto com seu superior.

Ao chegar na sala de P.J., Caio estava mais calmo e disposto a falar a verdade. Pensou bastante e chegou à conclusão que mesmo entregando os colegas, a melhor solução seria apoiar-se na verdade e assim não se prejudicar. Todavia, não foi necessário, P.J. estava em pé olhando pela janela, de costas para Caio, quando começou a falar...

PRINCÍPIOS, MEIOS E FINS

— Não entendi por que você, um cara arrojado e competente, estava tentando proteger outros malandros! Chequei o relatório de ponto e vi que tem gente alternando a presença aos sábados. Você acha que omitindo a verdade você chegará a algum lugar? — P.J. foi direto e objetivo.

P.J. voltou no tempo, lembrando de quando começara sua vida profissional. Uma época em que o país vivia uma grande escassez de empregos e que as disputas por um lugar ao sol eram ferrenhas. Os que venciam eram aqueles que trabalhavam muito, destacando-se por seu empenho, sem muito companheirismo para com os colegas, que na verdade eram competidores. Ou aqueles "cdfs" que passavam em concurso público para o grande parque de estatais no setores de energia, ferrovia, telefonia, petróleo etc. "Poucos sobreviviam", recordava-se. "Acho que só sei essa receita. Essa galera de hoje não está muito interessada em vencer a batalha. Afinal, o que eles querem?", refletia sobre a atitude que Caio tomou.

— Desculpe! Quando entrei na sua sala, meu objetivo era contar o que realmente aconteceu — gaguejou Caio.

— Que bom! Estava ficando decepcionado com você. Ainda bem que reconheceu o erro que estava cometendo. Deixa eu falar uma coisa: aquele lenga-lenga da faculdade, turminha, cooperação, um responde a chamada para o outro... não existe no mundo das empresas. Se você tentar segurar a barra dos outros, você morrerá na praia, cara. Isso aqui é uma selva, um come o outro na cadeia alimentar, só os melhores vencem. Vê se mete isso na cabeça e bola pra frente. — P.J. deixou claro que a conversa acabou e Caio saiu.

Logo que Caio saiu, P.J. voltou à janela e observou o horizonte da baía de Guanabara com a cidade de Niterói ao fundo. Sentiu-se desconfortável com aquela situação, principalmente pelo o que falou para Caio. Sabia que tinha sido duro e aquele sentimento de ser refém de seu modelo mental sempre falava mais alto. Todavia não conseguia libertar-se e trazer para prática um estilo menos matador e competitivo em suas verbalizações. Percebia que o mundo era outro e que a juventude trazia alguns elementos que eram mais saudáveis ao ambiente de trabalho. Lembrou que a empresa oferecia um programa de *coaching* executivo para o *top management* da empresa. "Será que isso pode me ajudar?", dava espaço aos seus pensamentos. "Mas os caras que estão participando disso são os mais fracos da empresa. Essa porra é coisa de perdedor, eu não preciso de um *coach* para saber o que fazer", concluía rapidamente. Fechava-se o *"loop"* de seu antiquado modelo mental.

No ônibus a caminho da faculdade, Caio ficou pensando, meio perdido, como é ruim esse clima de canibalismo de algumas empresas. Idealizava um ambiente onde todos cooperassem, um ensinasse ao outro, um ajudasse o outro, em que o time seria reconhecido e seu líder capitalizasse os frutos. Em todos os livros que estudou e leu esse era o mote: aprendizagem em grupo, empresas que aprendiam. Sentiu-se desanimado, mas também pensou que se essa era a regra do jogo, seria assim que jogaria. Para vencer! Os planos não seriam sabotados por qualquer patologia grupal.

Por trás da máscara de lógico e racional, existia um Caio sensível que sonhava e queria a todo preço ser reconhecido. Com frequência imaginava-se no palco de um grande show de rock, no qual ele era a estrela principal. Pegava emprestado os personagens e as canções mais românticas e ficava viajando naquela fantasia deliciosa. Ele era o centro das atenções, todas as mulheres o desejavam, todos os caras o admiravam. Ele era "o cara"!

Caio não poderia imaginar o quanto esse modelo mental influenciaria a trajetória de sua própria vida.

:

PERGUNTA PARA REFLEXÃO
Utilize o espaço abaixo para registrar anotações pessoais.

P É importante estar consciente a respeito do grau de competição que existe no ambiente de trabalho. O processo pelo qual somos reconhecidos privilegia o individual, ou seja, ainda são escassos os indicadores qualitativos do coletivo. Um líder medíocre pode acirrar ainda mais as disputas pela atenção. Se isso faz sentido para você, quais seriam as ideias e as potenciais ações que você se imagina realizando se assumisse a cadeira de P.J.?

CAPÍTULO 5

Dilemas do Eu

João estava encostado no batente da porta do quarto com um copo de cerveja na mão, ouvindo "With or Without You", do U2. Sua mãe perguntou se o som estava com defeito, pois só naquela última meia hora ele havia ouvido a música mais de cinco vezes.

Aquela trilha embalava os pensamentos de João na direção do romance que ele considerava impossível acontecer. Seu amor, seu desejo, sua admiração por Cláudia o perturbavam. Estar perto dela era um misto de sofrimento e de prazer. Não conseguia declarar o que sentia àquela mulher cada dia mais presente em sua vida. Era uma paixão velada, que dormia e acordava com ele há pelo menos três anos. Mal podia imaginar que o acompanharia ainda por muitos outros. Tinha a sensação de que a qualquer momento ela descobriria. E que, ao ser descoberto, ela se afastaria dele. Era tão forte sua paixão que tinha absoluta certeza de que todos percebiam seus olhares de desejo. O medo de ser descoberto era tanto que evitava olhar para Cláudia: seu corpo, seus peitos, seus pés. Curiosamente, João era tarado por pés. Tinha a nítida impressão que todos leriam seus pensamentos.

"Por que Cláudia vem com estes shorts curtos e apertados e estas blusas decotadas e transparentes para uma universidade?", ele se perguntava, cheio de ciúmes por aquilo que não era seu.

O que realmente o incomodava era que ele não chegava nela. O que o impedia verdadeiramente de se aproximar ou declarar a paixão que sentia? Ele até se considerava um cara interessante, boa pinta, simpático. Ele não tinha consciência que no fundo não conseguiria lidar com a hipótese de ser rejeitado, não ser reconhecido por ela, muito menos pelo meio social em que vivia. Esse medo fazia parte de sua crença e iria limitá-lo por um bom período de sua vida.

"Esta minha timidez vai acabar arruinando minha vida", João se penitenciou. "Tudo o que quero é beijar e agarrar aquela menina. Seu olhar tristonho, seu sorriso... Ela é linda!", ele a imaginou na sua frente.

A mãe de João invadiu o quarto e silenciou o aparelho.

— Ou você escolhe outra música ou terei um infarto — ordenou dona Odete.

A intervenção de dona Odete acabou com sua masturbação mental e fez com que seus pensamentos se dirigissem a outra pulga que também o estava incomodando. Eles estavam para se formar em seis meses. João acreditava que sua escolha pela Administração tinha sido precipitada e por eliminação. Não tinha confiança em si mesmo e essa sensação o deixava com um sentimento de culpa infinito. Ele não percebia que essa insegurança era a mesma que sentia em relação ao seu amor platônico por Cláudia.

"Se eu desistir minha mãe vai sofrer tanto. Ela investiu muito para eu estar onde estou", João se repreendia por cada pensamento de desistência que teimava ter. E, pior, delegava à mãe a potencial decepção pela desistência e não a si mesmo. Não sabia o que realmente sua mãe esperava dele, pois nunca perguntou ou iniciou uma conversa a respeito. Sempre foi um cara de pouca chuva externa, mas com intensas tempestades e furacões em seu interior.

DILEMAS DO EU

"Não saber não é o problema. O problema é não saber o que precisa saber", a sentença pronunciada pelo professor Frank martelava em sua cabeça.

Sabia que os questionamentos do professor faziam sentido. Não eram apenas frases viciadas de um velho professor que vivia repetindo a mesma novela em projetores *datashow*.

"O que ele falou faz sentido. Pô, não sei se escolhi o curso certo! Como vou ter certeza em qual empresa trabalharei depois de formado?", interrogava-se sem parar.

A constatação de João era amplificada por questionamentos frente à experiência acadêmica na faculdade. Teorias antiquadas, professores desmotivados, bibliografias antigas e um mundo totalmente diferente lá fora. Parecia que a prática era bem diferente da teoria. O jeito era cumprir tabela, terminar a faculdade para ter o diploma e satisfazer principalmente a família. Vários colegas que conheceu em sua faculdade e em outras não tinham essa mesma retidão em aceitar um sistema somente para cumprir etapas e conseguir a qualificação profissional. Muitos desistiam, mudavam de curso, de faculdade ou simplesmente não apareciam. Parecia que o grau de tolerância com a mediocridade de sua geração era muito menor que as gerações dos famosos "X".

João tinha conhecimento de amigos que já estavam participando de estágios e programas de *trainee*. O Caio mesmo encheu o peito, todo orgulhoso para falar sobre seu estágio remunerado como *trainee* na tal empresa farmacêutica.

A mente de João parecia um campo minado ativo. Qualquer direção que escolhesse lhe reservava uma carga explosiva. Ele podia enxergar até as placas com sinalizações: amor impossível... pise aqui, empresa errada... arrisque-se aqui, frustração com a vida... ponha seu pé aqui.

"Por que não consigo encontrar respostas para minhas dúvidas? Qual o caminho que devo seguir? As pessoas conseguem escolher com tamanha facilidade o que querem ser como profissionais? Quem sou eu, afinal? Para que sirvo? Será que o trabalho é mesmo isso tudo que falam?", João sofria.

Nesse momento, seus pensamentos voaram novamente para Cláudia. Lembrou de quando se conheceram. Era um dia cinzento. O ar estava ameno e o céu com nuvens baixas. Seu primeiro dia como universitário. Imediatamente seu pensamento correu para outro fato marcante: a mãe queria comemorar aquele momento festejando em um restaurante de bacanas. Sentia-se muito orgulhosa pelo filho estar cursando uma universidade pública, onde só a "elite intelectual, mais preparada" entrava. Contou vaidosamente a novidade para todas as amigas. Ela era professora do ensino médio e o que mais desejava era que o filho fosse culto e "estudado". João tentou dissuadi-la da ideia, mas o olhar de tristeza da mãe o fez aceitar o evento gastronômico. Na verdade, sua mãe, como qualquer outra mãe, queria o melhor para ele. Não intencionalmente, ela se empolgava com as conquistas de seu filho. Cada passo, ano a ano, e o aprendizado dele era como se fosse dela também. Entretanto, parecia que essa projeção sobre o filho ganhava maior dimensão por questões do próprio João e não necessariamente dela. Ele parecia sentir o efeito amplificado das expectativas da mãe.

A mente voou novamente para alguns anos atrás. Realmente aquele primeiro dia foi inesquecível. A começar pela primeira aula. Escolheu sentar nas primeiras fileiras, pois havia se esquecido dos óculos. A cadeira à sua direita já estava sendo usada e preferiu sentar próximo, pois se tivesse dificuldade de ler o que o professor escrevia pediria ajuda ao colega ao lado. Quando a pessoa daquela cadeira se sentou ao seu lado, continuou lendo o material que havia recebido por e-mail da secretaria. Apenas com a entrada do professor deu-se conta que a sala estava lotada e que seu colega ao lado era a garota mais linda que já vira na sua vida. E seu perfume algo que jamais havia experimentado antes.

Cláudia era dona de olhos tão expressivos que o hipnotizaram imediatamente. O sorriso estampava dentes que tinham harmonia, apesar de ligeiramente desalinhados. O cabelo estava preso, mas João não sabia exatamente como. Tentou disfarçar como pode o impacto que ela havia desencadeado em todo o corpo. Era provável que ela se sentisse de bola cheia, acostumada com olhares de admiração e por esse motivo não se incomodou com os seus tão insistentes olhares de rabo de olho. Muito menos se sentiu envergonhada ou deslocada. Sua presença era marcante.

— Oi! Eu me chamo Cláudia. Prazer! — Ela o cumprimentou sem cerimônia.

João ainda catatônico só conseguiu grunhir um quase inaudível muito prazer em resposta.

— Bom, se vamos ser colegas durante os próximos quatro anos é importante que você me diga seu nome — disse segura e espontânea.

— Claro, claro! Meu nome é... João — balbuciou.

— Que ótimo! Estamos apresentados e a partir de agora seremos colegas de curso. Sendo assim, por favor, você se importa de me emprestar algumas folhas do seu fichário? Deixei o meu dentro do carro — Cláudia pediu com educação.

João não acreditou que aquela bela garota passaria a aula inteira ao lado dele. Daquele momento em diante, ele imaginou que seriam quatro anos de padecimento homeopático. Conhecia-se o suficiente para saber que não teria coragem de declarar sua paixão à primeira vista por Cláudia. Daquele primeiro contato em diante, João não ousou se permitir expor seu sentimento para a garota que admirava.

— João, filho, acorda! Telefone para você. — Dona Odete entregou o aparelho na mão dele e saiu sem dar tempo de perguntar quem era.

— Alô! — João atendeu.

— João, você se esqueceu de mim? — O coração de João disparou imediatamente.

— Esqueci de você? Não entendi. — João jamais se esqueceria de Cláudia.

PERGUNTAS PARA REFLEXÃO
Utilize o espaço abaixo para registrar anotações pessoais.

P O quanto você percebe que suas escolhas profissionais tiveram influência direta ou indireta de outras pessoas? Quais as consequências positivas e aprendizados não planejados? Qual sua "fantasia" sobre o tema?

P Refletindo mais atentamente sobre nossas limitações, ou melhor dizendo, sobre nossas crenças limitantes, podemos perceber que elas atuam em várias esferas de nossas vidas. No caso de João, fica evidente que o mesmo processo o limitava na atitude diante de correr riscos no amor e na profissão. Como acontece com você? Em que esferas e de que forma você se limita?

CAPÍTULO 6

Na crista da onda

Leleco estava sentado na prancha, esperando "a onda". Sua mente devaneava ao balanço do mar. Quando estava no local que considerava seu habitat natural, normalmente se sentia *relax*. Mas aquele dia tinha sido desigual. Lembrou-se das palavras do professor Frank.

"O que será que ele quis dizer com 'o problema é não saber o que precisa saber'", Leleco habitualmente ouvia as frases do professor sem dar muita importância.

Leleco era um tipo aparentemente tranquilo, despreocupado, entregue às aventuras que a vida oferecia. Todavia, era tudo da porta para fora! Em seu íntimo estava preocupado com seu futuro e seus pensamentos circulavam por um labirinto de lavas no íntimo de um vulcão adormecido por milhares de anos. Não sabia o que fazer, nem como fazer! A única coisa que sempre teve certeza era que não queria ser militar como o pai, mudando de cidade em cidade, deixando amigos para trás.

"O que eu preciso saber para encontrar um bom emprego?", Leleco se perguntou.

Ele tinha o desejo de criar um negócio próprio. Quando criança ouviu de alguém, em uma das escolas por onde passou, que tinha perfil empreendedor. Provavelmente de algum raro professor talentoso que realmente sabia observar as motivações que cada criança traz dentro de si. Mas nada que tivesse provocado Leleco a partir para um projeto concreto como meio de vida ou sonho futuro. Claro que seus pensamentos girariam em torno de ideias na linha de *surfware*. Poderia ser uma grife de roupas ou uma oficina de manutenção de pranchas ou até uma fábrica de equipamentos aquáticos.

No início da faculdade, quando ainda morava no Nordeste por causa de uma das infinitas missões de seu pai pelo Brasil, Leleco conviveu com um cara que importava óculos de sol e exportava biquínis para os Estados Unidos. Além de fazer bicos em várias frentes do negócio, Leleco o ajudava na distribuição dos produtos localmente. Ele revendia nas praias de Natal e conseguiu, na época, juntar uma boa grana. Mas sua família não permitiu que o aprendizado proporcionasse segurança ou sucesso suficientes para que Leleco pudesse empreender como meio de vida. A todo momento o pressionavam para concluir os estudos e dar rumo à própria vida no formato tradicional. Leleco sofria muito com essas exigências. Ficava dividido, sem saber em que investir e acabava não fazendo bem nem um nem outro. Seu pai já não falava mais nada, mas sua mãe e tias não deixavam de encher seu saco.

— Você precisa concluir seu curso e prestar concurso, filho. Ter carreira normal, igual a todo mundo, se casar, ter filhos... — Ele ouvia sempre as mesmas frases.

Aquilo era um pesadelo constante, pois não tinha a menor noção de como passar nesses concursos públicos e tinha certeza que perderia toda a liberdade para viajar e conhecer as maiores e as melhores ondas do mundo. Lembrou que quando começou a surfar ficou sabendo que em Waimea, Havaí, acontecia o Eddie Aikau Invitational, o principal campeonato de ondas gigantes do mundo, quando elas atingiam 15 metros de altura. Seus pais queriam trancá-lo em casa quando souberam de seus planos de surfista. Eles não entendiam que os surfistas sonham em surfar nesses paredões d'água. Sua mãe pensou logo nos *tsunamis*. Leleco explicou que em alto mar um *tsunami* é uma onda de pouco mais de meio metro. Em alto-mar são ondas "pequenas" que só mostram todo poder quando chegam à praia e então alcançam alturas assombrosas. Tinha o sonho de conhecer a praia de Todos Santos, no México, porque as ondas que passavam pelo Havaí demoravam três dias para chegar à praia mexicana.

Ele também queria conhecer praias com ondas iradas no Brasil, onde as ondas podiam chegar a mais de 5 metro e que atingiam picos maiores quando o mar estava agitado. Lugares como a Ilha dos Lobos, em Torres, Rio Grande do Sul; a Praia da Vila, em Imbituba, Santa Catarina; e Cacimba do Padre, em Fernando de Noronha, tinham ondas ideais para os *big riders* e eram seus locais preferidos.

Ele queria surfar ondas tão altas que era impossível chegar nelas nadando. Ele se imaginava em um *jet-ski* chegando na crista da onda para em seguida começar a descer. Realmente, ele não queria abrir mão desse tipo de vida.

"Será que ainda dá tempo? Estou com 25 anos e ainda não me formei", Leleco se angustiava com a própria situação. "E ainda tem o velho Frank e suas frases: 'Vocês terão de escolher a empresa onde querem trabalhar'!", lembrou-se Leleco.

No início daquela noite, Leleco quis se encontrar com algum amigo na faculdade. Não demorou muito para avistar Caio sentado no chão, longe do burburinho, trabalhando em seu *laptop*. Apesar de suas diferenças, de achar Caio muito engomadinho e prepotente, ele precisava conversar com alguém sobre o que o professor Frank havia comentado. Leleco ainda se sentia perdido.

Ao expor um pouco de seus sentimentos para o colega, Leleco se sentiu aliviado. Era bem o seu estilo resolver o hoje e deixar as incertezas do amanhã para depois. Todos que conheciam Leleco acreditavam que desse jeito ele iria viver cem anos.

Muito convicto de si mesmo, Caio disse para Leleco que aquilo tudo era besteira do velho. Que ele era meio doido mesmo. A arrogância de Caio ignorava a provocação do professor Frank. Mas, em seu íntimo e carente coração, Caio não queria admitir que também não sabia decifrar o enigma lançado pelo mestre. Ele depositava todas as fichas no atual emprego e desafiou Leleco a arrumar um estágio o quanto antes, caso contrário estaria ferrado e com grande possibilidade de não arrumar trabalho algum. Disse ainda que qualquer estágio poderia servir para começar uma carreira. Leleco o observava incrédulo enquanto o ouvia falar.

Porque frequentava o meio universitário há mais tempo que seus colegas, por causa de uma série de perdas de períodos pelas transferências de cidades de sua família, Leleco recordava-se de vários outros casos de colegas que não conseguiram engatar um estágio com efetivação direta em um emprego. Há quatro anos as coisas estavam mais difíceis, não havia aquecimento do mercado carioca e as oportunidades eram disputadas como se fossem de vida ou morte. Vários conhecidos saíram do ramo da administração e foram para o comércio, prestaram concursos públicos em áreas não afins e, o que mais temia, alguns ficaram totalmente dependentes de seus familiares.

Leleco ficou mais agoniado com o fechar do cerco em seu pensamento e partiu apressado na direção da área que cuidava de estágios na universidade.

— *Falô*, Caio, te vejo mais tarde, *brow*. — Leleco deixou Caio falando sozinho e intrigado pela aflição do amigo.

Caio não podia negar que aquela conversa desviou sua atenção do trabalho que estava fazendo; não conseguia evoluir com ele naquele momento, absorto em pensamentos análogos ao de Leleco. Todavia, por ser mais abusado que seu amigo, partiu para ação, tendo uma atitude que realmente o diferenciava da maioria de seus pares. Caminhou em direção a área onde ficavam a secretaria e salas dos professores, maquinando as perguntas que precisava fazer para resolver a inquietante equação. Ao chegar perto da terceira sala do lado esquerdo, viu, pelo vidro da sala, que Cláudia conversava com o velho Frank.

"O que será que a Cláudia está papeando com o professor Frank?", Caio ficou curioso. Alguém já tinha se antecipado a ele. Isso o incomodava bastante. "Como eu sou lerdo, Cacau não perdeu tempo. É isso que me atrapalha", penitenciou-se.

De onde estava, Caio só conseguia ver o rosto do professor. Ele tinha um sorriso simpático nos lábios e estava concentrado no que Cláudia dizia. Ela tinha os ombros alinhados, a coluna reta e o cabelo estava preso em um rabo de cavalo que se mexia com suavidade.

Caio admirava Cláudia. Mas não ao ponto de se interessar. Talvez seu jeito de ser não combinasse com o dela. Ela era uma garota inteligente, gostosona, de personalidade forte. A família era riquíssima. Ele sabia que ela já havia viajado para os quatro cantos do planeta, o que lhe causava tremenda inveja enrustida. Ele não conseguia compreender porque ela preferiu estudar em uma universidade brasileira com a oportunidade de diferenciar seu estudo se formando em uma universidade estrangeira. Era tudo o que ele queria.

"Por que será que estamos sempre insatisfeitos com o tipo de vida que temos? Por que algumas pessoas que têm condições de fazer diferente não o fazem?", sua consciência o atormentava.

De outro extremo, recordou-se da história que ouviu sobre o fundador da empresa onde estava trabalhando. O cara iniciou sua vida trabalhando como entregador de uma farmácia no interior da Inglaterra, que à época era uma farmácia de manipulação. Não tinha casa, dormia e fazia apenas duas refeições diárias nos fundos do estabelecimento. Seu trabalho era basicamente fazer entregas das fórmulas para o ilustre farmacêutico e buscar os ingredientes básicos das formulações em algumas grandes cidades do país. Não estudou nada, aprendeu a ler e escrever com os filhos abastados do farmacêutico e a negociar observando os velhacos em toda a cadeia do negócio. Ao completar 21 anos, tendo conhecimento básico das formulações, conhecendo as fontes e os clientes, juntou-se com o filho mais novo de seu patrão e resolveram expandir o negócio. Hoje, 150 anos depois, a empresa é uma das maiores produtoras de remédios de alta complexidade do mundo.

Caio se assustava com esse e outros casos de sucesso. Era uma prova viva de que formação, boas escolas e determinadas grifes, nada significavam numa trajetória profissional.

"Qual será o pulo do gato então? O que devo fazer para garantir meu sucesso?", Caio, angustiado, pensou em voz alta.

:

PERGUNTAS PARA REFLEXÃO
Utilize o espaço abaixo para registrar anotações pessoais.

P A formação acadêmica tradicional não é sucesso garantido na carreira. Existem muitos fatores que influenciam a trajetória. O conhecimento e vivência que a formação proporciona ampliam o horizonte, não atrapalham e podem ajudar. Leleco não poderia deixar de conseguir essa credencial. Qual avaliação você faz de sua trajetória nesse tema?

P Diante do ímpeto de Caio em buscar uma solução para a equação de seu sucesso profissional, como você fez ou faria diante de sua equação?

P Qual seria sua crista da onda?

CAPÍTULO 7

O buraco é mais embaixo

Numa das salas destinada ao corpo docente, Cláudia estava de frente para o professor Frank, que prestava atenção genuína na aluna.

— Mestre, eu fiquei intrigada com seu comentário outro dia: o problema é não saber o que é preciso saber? O que eu deveria saber e não estou sabendo? — Cláudia perguntou aflita, direto no ponto.

O professor Frank era de origem alemã. Decidiu viver no Brasil porque se apaixonou por sua intérprete brasileira à época, quando se apresentava em eventos internacionais. Ele era convidado a participar de congressos e fóruns que tratavam de temas sobre educação executiva. Ele dedicou a vida ao desenvolvimento humano. Sua intenção era despertar na juventude o que ele chamava em sua língua nativa de *denkenden geistes*, ou seja, "espírito pensante".

— Cláudia, eu gosto de provocar vocês! Cedo ou tarde a vida profissional vai te mostrar as verdades e as ilusões! — respondeu com leveza.

— Ainda não entendi! Pensei que o senhor estava falando que eu deveria saber em qual empresa eu devo trabalhar ou que tipo de trabalho eu devo realizar — Cláudia expôs.

— Muito bem! Era exatamente sobre isso que eu estava falando. Você deve sim escolher a empresa na qual você gostaria de trabalhar. Sei que pode parecer presunçoso, mas é assim que é preciso se posicionar nos dias de hoje.

O velho professor vivenciava diariamente a dificuldade que as pessoas tinham em compreender a dinâmica do mercado de trabalho. As pessoas se colocam, ou acham, que são candidatos às vagas disponíveis, a serem preenchidas. O vício de linguagem perdura até os dias de hoje, pelos milhares de recrutadores e selecionadores de recursos humanos. A premissa atitudinal de um candidato é muito passiva, quando na verdade é ele quem deve escolher seu alvo e mostrar seus motivos, suas contribuições potenciais e seu genuíno desejo em trabalhar com determinada empresa. A empresa, por sua vez, irá avaliar se aquilo tudo faz sentido. As chances da empresa se impressionar positivamente são muitas e isso torna o processo diferente.

— Reflita mais um pouco, minha cara. Quais diferenças são possíveis observar no mundo do trabalho de hoje e de alguns anos atrás? — O professor provocou de leve.

— Acho que hoje todos estão trabalhando muito. Por muito mais horas, sem qualidade de vida e interações sociais. Tudo está muito corrido. Sei de pessoas que vão para a academia de ginástica às 23 horas. Conversei com uma amiga que começou a trabalhar há dois anos, depois de formada, e ela fala que é uma loucura, não dá tempo para ir ao banheiro. Até o namorado ela perdeu — relatou a aluna.

O professor prestava atenção às palavras de Cláudia, que continuou discursando.

— Nosso colega, o Caio, que o senhor conhece, nos contou que na empresa onde ele está estagiando algumas pessoas trabalham quase 12 horas por dia, e muitos almoçam no escritório para ganhar tempo. Não existe a possibilidade de namorar pessoas que não sejam do mesmo ambiente de trabalho, pois não há tempo para o mundo lá fora. E o pior, algo que eu não entendo, quando perguntadas, elas afirmam que adoram o que fazem! — desabafou Cláudia perdida em seu comentário.

— Isso mesmo! Atingir os objetivos empresariais está cada vez mais complexo. As empresas, digo, nós, estamos buscando a cada dia fazer mais com menos. Os clientes cada vez mais exigentes, querendo tudo pelo menor preço com a melhor qualidade e inovação. Como seria para você? Você gostaria de um ambiente competitivo, focado na busca de resultados frenéticos de curto prazo? Que luta para atender seu cliente diariamente? Ou prefere atuar em um ambiente intelectualmente mais sofisticado, analítico, que privilegia a criatividade e com ritmo não tão acelerado? — O professor bombardeou Cláudia com questões mais complexas.

-Não sei. Não tenho condições de responder a essas perguntas. Tenho que pensar a respeito. — Cláudia se sentiu mais confusa e ficou na defensiva.

— Invista todo o tempo que puder em observar em qual tipo de ambiente se sente melhor, mais produtiva. Observe quem são os clientes da empresa e quais produtos ou serviços eles consomem. Perceba como os clientes consomem esses serviços ou produtos. É de forma massiva, via web, ou mais qualitativa, na qual eles tocam e sentem? Atenção para o ambiente comercial no qual a empresa está inserida, ou seja, o quanto o segmento é competitivo. A empresa tem muitos concorrentes ou é um oligopólio? Quais ameaças existem? A marca da empresa e seus produtos podem te dar sinal de como ela se posiciona no mercado. É uma marca reconhecida que se vende quase sozinha como a Coca-Cola? Ou é uma venda técnica que exige apresentações, estudos de confiabilidade etc.? — O professor prosseguia, aumentando as perguntas para reflexão. — Procure conversar com colegas ou contatos que trabalhem nesses alvos, digo, empresas, e faça as perguntas certas que apontarão, por exemplo, a cultura interna da organização. Ao chegar nesse ponto, você estará diante daquilo que talvez seja o mais importante para sua análise: os valores presentes na empresa. Dessa forma, nessa direção, você terá ampliado o leque das empresas mais alinhadas com seu perfil. Ou seja, você tem elementos para fazer escolhas!

O mestre sabia da longa distância entre o conceito e a prática. O quanto as pessoas ainda acreditavam que os interlocutores é quem deveriam escolher os "candidatos" com base na percepção de suas características e competências, colocando as pessoas na posição de serem escolhidas.

Apesar de Cláudia demonstrar um olhar de compreensão e total foco naquilo que ele explicava, sua aflição ainda era visível. Deparou-se com outra dúvida:

"Quais são os meus valores?"

Não deixou explícito, todavia o professor percebeu sua paralisação diante da nova variável que deixava a salada mais saborosa.

— Como você gosta de planejar suas viagens, minha cara? — perguntou o velho mestre.

— Como assim? — replicou Cláudia.

— Você planeja sua viagem com antecedência ou gosta de viagens repentinas? Você compra bilhetes aéreos com antecedência? Você compra com base na companhia aérea ou por preço? Você quer visitar muitos lugares na mesma viagem ou prefere conhecer um único lugar com muita intensidade? Prefere viajar sozinha? — perguntou o mestre.

— Entendi! Planejo tudo com muita antecedência, gosto de viver uma cidade em todos os seus detalhes e adoro viajar sozinha — respondeu satisfeita a jovem mulher.

— Perceba que brincando conseguimos notar alguns valores importantes para você, não? — colocou o professor exibindo um grande sorriso.

— Acho que sim: planejamento, detalhe e solidão são valores para mim — concluiu Cláudia.

O velho mestre ficou orgulhoso por ela ter entendido a lógica rapidamente.

— Os valores são o nosso principal ponto de apoio para nossas tomadas de decisão e escolhas. Basta você observar e refletir quais os critérios e motivadores que norteiam seu dia a dia. Preste atenção em "como" você faz as coisas. — O professor concluiu a explanação.

Cláudia respirou fundo, agradeceu e se despediu do admirado mestre e se encaminhou para sua próxima aula. Pensou que nunca havia olhado dessa forma sobre o alinhamento de seus valores com os valores de seu potencial empregador.

"Será que o que ele quis dizer é que posso ter diferente desempenho e prazer em ambientes distintos?", Cláudia ainda debatia consigo mesma.

Estava tão distraída pensando nas empresas onde tinha amigos estagiando, que esbarrou em uma pessoa que se plantou a sua frente. Quando distinguiu o rosto que a olhava fixamente com um sorriso, pensou: "É você mesmo que eu precisava encontrar neste instante".

— Caio você caiu do céu! Tudo que eu precisava nesse momento era conversar com alguém que está trabalhando em uma empresa famosa. — Cláudia sorriu abertamente para ele.

— Cláudia, francamente, eu não sei se sou a melhor pessoa para falar a respeito de meu ambiente de trabalho — Caio respondeu, desanimado.

— O que você quer dizer com isso? Outro dia você estava todo orgulhoso e animado com seu programa de *trainee*. O que está acontecendo? Problemas? — Cláudia se conteve para escutá-lo.

— Começar a vida profissional em uma empresa como *trainee* é uma condição para poucos, sem sombra de dúvida. As pessoas na empresa nos olham de forma diferente. Parece que deveríamos ter resposta para tudo e somos melhores do que os outros. Na verdade me sinto como um verdadeiro extraterrestre nesse papel. — Caio começou o papo com desesperança.

Cláudia sentiu que Caio estava remoendo algum sentimento ou situação que o impediam de falar abertamente sobre o que se passava em sua mente. Mas sabia muito bem o quanto ele era um cara que prezava aparentar ser um super-herói.

— Você está muito estranho. Quer falar a respeito? — Cláudia foi cuidadosa.

— Está tão na cara que estou aflito? — Caio perguntou para ganhar tempo.

Cláudia lembrou das conversas que tinha com a mãe e como tentava driblar as perguntas e comentários que não sentia a menor vontade de responder para não dar continuidade à discussão.

— Tudo bem. Para você eu posso contar o que está acontecendo. — Caio decidiu se abrir com ela. Ao menos um pouquinho.

Caio contou que havia muita competição entre os *trainees* e os funcionários efetivos da empresa, com mais tempo de casa. O ambiente beirava a hostilidade em alguns momentos. Ele tinha algumas responsabilidades semelhantes às de funcionários antigos da empresa, se sentia desvalorizado e sem o reconhecimento por parte dos pares mais experientes e superiores. Parecia que todos queriam provar que os tais *trainees* não eram aquela coisa que a empresa anunciava: "dentre os 25 mil candidatos, apenas 24 entraram, os melhores do mercado." Tudo isso os colocava numa situação de muita pressão: não podiam errar, pois seriam crucificados pela opinião pública interna.

Caio lembrou que na primeira semana um supervisor da área de marketing perguntou a respeito de sua ambição na empresa, onde ele queria chegar e em quanto tempo. Caio falou que seu objetivo era se tornar gerente em até três ou quatro anos. O sujeito deu uma gargalhada e disse que ele estava lá há dez anos e que ainda era supervisor.

— Cláudia, sabe o que mais me assustou? O olhar dele dizia que ele iria garantir que o mesmo aconteceria comigo. Algo broxante! — desabafou Caio, com toda franqueza.

Caio salientou que se encontrava em uma situação de impasse, que poderia ter se livrado de colegas, potenciais competidores, mas não o fez. E que tinha certeza que se eles estivessem no seu lugar, já teriam liquidado as vítimas. Acrescentou ainda que seu chefe teve uma conversa densa com ele naquele mesmo dia e que estava se sentindo incompetente e injustiçado. Que quando a viu conversando com o professor Frank percebeu, num estalo, que não faria o mesmo por puro orgulho de pedir ajuda.

Cláudia o escutava com atenção. Afinal, em um futuro próximo, poderia estar vivenciando situação semelhante. A cada sentença que Caio pronunciava, em seu pensamento, só conseguia formular uma pergunta, que teimava fazer-se ouvida e aceita por Caio. Já impaciente com tantas reclamações e desânimo do amigo, perguntou:

— Caio, só um minuto. Por que você quer ser efetivado nessa empresa? — finalmente ela teve coragem de perguntar.

Caio, olhou para o chão e em seguida para o rosto de Cláudia, em silêncio absoluto.

— Sei lá, acho que tenho medo de não conseguir nada melhor — verbalizou Caio, sem censura.

— Você tentou conversar com seu chefe ou alguém na empresa que pudesse ajudar ou talvez mudar o quadro? — perguntou Cláudia.

— Não senti espaço. Parece que esse é o jogo, talvez um ritual a ser vivido e superado. Conversei com vários colegas da engenharia do quinto andar e todos falaram a mesma coisa de suas empresas. Minha prima, que trabalha na área de recursos humanos de uma grande empresa, comentou que somente 20% dos *trainees* conseguem se manter na empresa depois de dois anos — explicou Caio, agora já mais racional do que emocional.

— Talvez seja um problema sistêmico. Será que tem solução? Por que será que as áreas de recursos humanos, conhecedoras do problema, não resolvem essa parada? — Cláudia questionou.

:

PERGUNTAS PARA REFLEXÃO
Utilize o espaço abaixo para registrar anotações pessoais.

P Quais são seus valores? Como você reage quando as coisas dão errado?

P Observando o sofrimento de Caio, recordo de uma metáfora para o ambiente do trabalho: Imagine-se um psiquiatra que trabalha oito horas por dia em um hospital que cuida da saúde mental. Como deve ser sua vida familiar e social fora desse ambiente? Como conviver com essa dualidade? Talvez se afastar dos problemas e compreender o limite dos outros e patologias do sistema facilite seu dia a dia. Mas se você começar a gritar com as pessoas... Reflita o quanto de "louco" existe em você.

CAPÍTULO 8

Ser o quê quando crescer?

João estava sentado na última fileira da sala quando percebeu que Cláudia entrou. Apesar de estar sorridente, esbanjando alegria e cumprimentando a todos, João notou que o olhar dela estava distante. Era a última aula daquele dia encalorado de início de outono no Rio. Naquele momento, o calor se tornou mais insuportável para ele.

— Oi, João! — cumprimentou-o e sentou-se na cadeira ao lado.

— Olá, Cláudia! Pensei que você não assistiria a esta aula — respondeu em tom de curiosidade.

— Não ia mesmo! A conversa com o professor Frank mexeu comigo. Foi boa e me fez refletir ainda mais — relatou Cláudia.

Cláudia estava fazendo um balanço mental sobre tudo que o professor tinha explicado. Examinava detalhadamente quais poderiam ser seus valores e, como curiosa que é, suas origens. Estava estressada, mas ao mesmo tempo leve por ter compreendido a dinâmica entre ela e o tipo de escolha que poderia fazer. Percebia também que não era uma questão de acertar na escolha, mas sim de se aproximar de seu modelo ideal. "Poderia ser a busca de uma vida", refletiu. De certa forma, a questão misteriosa, *o problema é não saber o que eu preciso saber*, aparentemente estava resolvida.

— Sei... O professor Frank realmente cutuca a gente com coisas complexas. Às vezes nem durmo — João sentia-se abalado com a presença de Cláudia.

— É verdade! Encontrei com o Caio e percebi que ele também está confuso. Sei que disse que mataria essa aula mas não quero ir para casa agora nem vagar por aí sozinha. Sabia que você estaria aqui — Cláudia falou sem pressa.

— Bom... — O coração de João disparou. Ouvir que ela preferia estar com ele o deixou animado.

— Penso que ainda temos muitas dúvidas com relação ao que vamos ser quando crescer. — João fez graça e conseguiu um leve sorriso de Cláudia.

O professor entrou na sala e a conversa foi interrompida. João demorou a se concentrar na aula, pois a presença tão próxima da musa sempre o deixava fora de órbita. Normalmente, quando estava sozinho, ele criava situações imaginárias em que ambos participavam da vida um do outro. Para João, qualquer local onde Cláudia estivesse era onde ele queria estar. Sem perceber, começou a fantasiar como seria legal se ambos tivessem participado do estágio na mesma empresa onde ele permaneceu no ano anterior.

A empresa, segundo ele, meio pública, meio privada, na verdade era, tecnicamente falando, uma sociedade de economia mista. Suas características, na percepção de João, eram bem estatais. Possuía técnicos com excelência, superdetalhistas nos projetos, mas, de modo geral, pareciam céticos quanto ao futuro. "Bem diferentes dos caras que trabalhavam na empresa do Caio", pensava João.

O ambiente de trabalho era meio desmotivador. João adorava ações inovadoras e desafios quase intransponíveis. Mas a presença imaginária de Cláudia mudaria tudo. Teriam mais tempo para ficar juntos. Poderiam almoçar juntos e talvez trabalhar no mesmo depar-

SER O QUÊ QUANDO CRESCER?

tamento. Seria bom demais para ser verdade. João voltou para realidade e aterrissou novamente nos dilemas profissionais. Tinha convicção de que o estágio fora bacana, mas não tinha nada em comum com aquele tipo de empresa. Não sabia exatamente o porquê, todavia era algo ligado a energia das pessoas, talvez. Na sua percepção, elas não se interessavam em evoluir. Havia morosidade nas ações e ineficiência no trabalho. Parecia que todos faziam as mesmas coisas todos os dias, sem um sentido ou ambição de fazer melhor ou mais. Parecia que a maneira como a empresa era dirigida não estimulava ninguém a buscar novos desafios. Existia uma monotonia constante e a criatividade não era bem-vinda. A injeção de capital empurrava a empresa a adotar práticas mais transparentes, mas a não existência de uma agenda com forte governança corporativa ainda permitia intervenções e indicações político-partidárias.

João tinha consciência da necessidade de mudanças imediatas por sentir-se "de fora". Do quanto a contratação de profissionais isentos de privilégios políticos e a independência administrativa era imprescindível. Conheceu servidores (era assim que eram chamados), considerados ótimos profissionais. Sabia que em países desenvolvidos a realidade dos serviços públicos era outra e que no Brasil, mesmo em velocidade menor, estava melhorando. O que poucos se davam conta era que o serviço público eficiente ajudava no bom funcionamento e desenvolvimento econômico do país e no cumprimento dos deveres do Estado e dos direitos da população. Sabia também que sua opinião não deveria ser generalizada a todas empresas públicas, pois tinha notícias de algumas que eram de vanguarda na inovação de que tanto gostava. Todavia, vários colegas estagiários desistiram no meio do caminho, completamente desiludidos com o que viam. Se estavam lá, era basicamente para conseguir as horas requeridas do estágio obrigatório.

João aprendeu que não se permitiria trabalhar naquele tipo de organização. Nunca mais! Aquela experiência foi determinante para mostrar que sua condição atual dependia das escolhas feitas no passado e que para saber qual seria seu futuro era primordial prestar atenção em seus pensamentos atuais a respeito do que queria realizar profissionalmente. Racionalmente, ele parecia bem resolvido sobre o que não queria, entretanto, quanto ao futuro, estava tão perdido quanto os colegas mais próximos.

Ele não conseguia, por exemplo, enxergar Cláudia como estagiária daquele lugar. Muito dinâmica, determinada, independente. Com certeza, ela teria denunciado algumas atividades que consideraria patéticas, invadiria salas de superiores para delatar algo que em sua opinião fosse ameaçador às boas práticas, criaria um meio de comunicação para entregar as injustiças com as minorias. Seria execrada rapidamente pelo grupo dominante.

João decidiu permanecer no estágio porque havia feito um pacto consigo mesmo: guardar uma parte do dinheiro para começar a investir em sua futura carreira, que ele não tinha a menor ideia qual seria, pois todos os dias, a mídia informava a quantidade de universitários diplomados sendo remunerados em funções abaixo de suas formações e, ao mesmo tempo, como o conhecimento definia a permanência do profissional no mercado de trabalho.

Mentalmente João fazia muitas perguntas a si mesmo, enquanto o professor explanava sobre finanças: Como se manteria empregável? Será que o que estava estudando atendia às necessidades exigidas nas empresas? Até onde queria ir como profissional? CEO? Um negócio próprio? Profissional liberal? Consultor? Pesquisador? De que abriria mão para conseguir o emprego dos sonhos? Existia alguma atividade na amplidão da administração que oferecesse as melhores condições de emprego? O retorno financeiro era o mais importante? O que o manteria no trabalho? O que o empregador esperava dele?

João se surpreendeu quando ouviu o burburinho habitual de final de aula: cadernos e livros se fechando, cadeiras sendo arrastadas, mochilas e bolsas jogadas nos ombros. Cláudia o ajudou a arrumar seus pertences, pois ficara totalmente concentrado nos questionamentos internos.

— Nossa, você entendeu alguma coisa que o professor passou? Eu estava tão distraída que não tenho a menor ideia do teor da aula — Cláudia comentou com João, que começou gargalhar, pois pensou o mesmo.

— Então somos dois, Cláudia. — João ainda sorria quando saíram em direção do estacionamento.

Sozinho com Cláudia, João sentiu-se num ambiente mais protegido, de forma que conseguiu se soltar mais e manter uma conversa mais profunda sobre seus pensamentos.

— Cláudia, voltando ao nosso ponto sobre escolher onde trabalhar, acho que o professor tem razão. Recordei do meu estágio do ano passado e constatei que, no jeito de ser, precisamos, de certa forma, estar alinhados com o tipo de atividade da empresa e seu ambiente interno — explicou João, proprietário de seus sentimentos, sem ter muita noção da conversa que Cláudia e o velho professor tiveram.

João detalhou sua experiência e conclusões, enquanto Cláudia prestava atenção.

— Você tem razão, as coisas começam a fazer sentido para mim! — exclamou Cláudia. — O professor Frank me explicou que a escassez de oferta de oportunidades de trabalho acaba mascarando a possibilidade de escolha, ou seja, somos obrigados a nos submeter ao ambiente e sobrevivermos como se estivéssemos em uma guerra. Inclusive o "índice de infelicidade no trabalho" fica submerso pela competição nas necessidades básicas — Cláudia experimentava seu momento de oratória.

João confundia-se entre concordar e admirá-la. Estava, na realidade, observando suas pernas se movimentando entre acelerar, frear e apertar a embreagem. "Os pés descalços de Cláudia são uma graça nesse balé de vai e vem", pensou João, sem conseguir parar de olhar para os pés da amiga.

— O professor me disse que começaremos a viver um período, no Brasil, no qual nossas escolhas serão importantes, pois a balança penderá mais para o lado dos talentos do que apenas para os interesses das empresas. Assim sendo, o leque de opções e escolhas tornará a infelicidade no trabalho mais evidente — concluiu Cláudia, já chegando na Lagoa, perto do ponto onde João ficaria.

— Concordo inteiramente — replicou João.

— João, você já sabe qual o tipo de trabalho ou ambiente são mais adequados para você? — indagou Cláudia ao parar na esquina.

— Ainda não! E estou com medo de não saber — respondeu João, olhando-a nos olhos, já fora do carro.

— Qual o programa do final de semana, hein? — perguntou Cláudia, do nada. João se assustou.

— Nada de especial. — Suspirou João. — Talvez estudar um pouco e ir à praia — completou.

— Tá bom querido, um beijão, tchau, até segunda — despediu-se Cláudia.

João caminhou em direção a Humaitá e percebeu que mais uma vez se inibiu na hora H.

"Porque não a chamei para ir ao cinema? Sou realmente uma besta!", lamentou, enquanto caminhava cabisbaixo em direção à sua casa.

:

PERGUNTAS PARA REFLEXÃO
Utilize o espaço abaixo para registrar anotações pessoais.

P Imagine que o mercado de trabalho realmente esteja se equilibrando, ou seja, a demanda por profissionais esteja aumentando mais do que a disponibilidade de pessoas qualificadas. Qual o seu posicionamento nesse cenário? Quais modelos e características que você buscaria?

P Como líder de pessoas, qual o estilo que você adotaria para manter os melhores em seu time?

CAPÍTULO 9

Que diferença eu faço?

"O que me torna empregável ou empreendedor?", João questionava-se com constância a respeito de como ser indispensável no ambiente de trabalho.

O fato de saber que estava próximo de terminar a faculdade o deixava preocupado e tenso. O que viria depois? Que compromissos ele deveria arcar no seu dia a dia para manter-se no mercado de trabalho? Sentia-se pressionado por todos os lados: por si, pela família, pelos parentes, pelos amigos, pela sociedade, pelos professores, o mundo o empurrava para um caminho que ainda desconhecia com profundidade!

O que às vezes trazia um pouco de conforto era o fato de que seus amigos também estavam ansiosos e preocupados com o futuro próximo. Até Leleco, que parecia o mais relaxado, demonstrava sinais de incerteza, preocupação e dúvida a respeito das próximas escolhas.

Ambos decidiram procurar orientação com o professor Frank para aprofundar a questão de como ser um profissional indispensável, se é que isto existia. Muitos livros traziam à tona a importância de conhecer as competências individuais e como identificar as próprias habilidades para escolher em que área atuar.

"Mas será que isso basta?", indagava a si mesmo. João já havia participado de um estágio e poderia descrever algumas experiências que teve, mas Leleco não sabia por onde começar. Sua única experiência era com comércio, mas como descreveria os principais conhecimentos e experiências profissionais que teve? Nunca trabalhou ou fez estágio em empresas. A orientação de alguns sites e blogs era relacionar no currículo os conhecimentos obtidos em cursos ou experiências escolares e acadêmicas pois o modelo tradicional de currículo sugeria apresentar experiências que um recém-formado normalmente não teria.

Definitivamente eles precisavam de ajuda e o professor Frank costumava estar disponível entre uma aula e outra para encorajar os alunos a pensar. De maneira geral, as pessoas sentem o impulso de resolver o problema do outro instintivamente. O professor Frank sempre demonstrava interesse pelas dúvidas alheias. O olhar para o outro era de curiosidade e prontidão. Parecia ter o objetivo constante de despertar o lado intuitivo e criativo das pessoas, mas nem sempre era interpretado assim. Alguns alunos o rotulavam de "viajandão", pirado... Parecia que ele vivia no mundo da lua.

João e Leleco colocaram em prática o que haviam conversado há dois dias: perguntar ao professor o que poderiam fazer de diferente para serem considerados "os caras".

Encontraram-se no saguão do décimo andar por volta de cinco e meia da tarde, momento da transição entre o turno da tarde e início do da noite. O movimento era grande, todos andavam de um lado para o outro. Faces cansadas, no geral, o que era natural para pessoas que trabalham durante o dia. Algumas chegavam do trabalho, outras estavam aliviadas com a expectativa de sair para a "*night*".

— Fala, John! — Leleco abraçou João alegremente. — E aí, "vamo" encarar o velho Frank? Tô precisando resolver essa parada, *brother* — disse Leleco, indo direto ao ponto.

QUE DIFERENÇA EU FAÇO?

— Fique tranquilo que esse problema não é só seu. Acho que todos têm as mesmas dúvidas que a gente. Vamos nessa! — concluiu João e caminhou em direção à rampa que levava ao outro bloco.

Encontraram com o professor Frank antes da primeira aula, pois o professor tinha uma agenda pesada a realizar naquela noite.

— Boa tarde! Como vai professor? — ambos o cumprimentaram ao mesmo tempo. Naquela tarde a expressão facial do professor não era das melhores. Parecia cansado.

— O senhor está se sentindo bem? Algum problema? — perguntou João ao perceber no olhar do professor uma sombra de preocupação.

— Não, tudo bem, eu estou apenas com dor de cabeça. Nada que vá atrapalhar nossa conversa. — O professor Frank procurou espantar a dor e ouvir seus pupilos. Ele vinha sentido dores de cabeça com certa frequência e ainda não havia encontrado uma explicação racional para tal problema. Mas, também, na sua autossuficiência e teimosia, não havia procurado um médico.

— É muito interessante como todos os alunos procuram ajuda ao final do curso. Esperam até o último instante para saber o que fazer da vida profissional futura. — O professor abriu largo sorriso e ofereceu chocolates aos dois amigos que se entreolharam constatando que o mundo se movia no tempo da urgência e nunca da oportunidade.

— Professor, essa afirmação a respeito do porquê a humanidade vive na urgência pode ser um bom começo para a nossa conversa. Leleco e eu estamos confusos quanto aos próximos passos. Sabemos que sairemos da universidade com conhecimento defasado. — João iniciou os próprios questionamentos aproveitando a afirmação do mestre.

Leleco assentiu com a cabeça. O corpo demonstrava certa rigidez e o rosto estava tenso.

O professor Frank ouvia João prestando atenção a cada palavra. Ele acreditava que quanto mais informações fossem expostas, maior seria a sinergia para trocar ideias. A participação de todos os envolvidos provocava engajamento e diálogo positivo. O professor já havia participado de inúmeras reuniões onde muitos dos presentes se mantinham calados e cediam a decisões apenas para constar contra a própria vontade e em seguida não despendiam comprometimento para cumprir o que fora decidido. Estas pessoas se mantinham passivas durante o andamento do encontro e em seu íntimo permaneciam com a própria opinião a respeito do que deveria ser o melhor a fazer. As consequências eram sempre previsíveis: cronogramas atrasados, erros desnecessários, mau humor no ambiente de trabalho... Mas ali, naquele caso, era diferente. Ele notou que ambos queriam falar desmedidamente.

Ao longo de sua vida, o professor Frank concluiu que saber o que se quer é primordial para se manter coerente, focado e determinado em qualquer situação que a vida apresentasse. São as escolhas conscientes que geram resultados.

João e Leleco estavam tão estressados e preocupados com o futuro que seus corpos os denunciavam. A fisiologia de cada um estava visivelmente afetada com o que consideravam ameaças futuras. O sangue estava distribuído pelo corpo e não em partes do cérebro que contribuíam para afinar o raciocínio. Se estivessem focados no que queriam, se o soubessem, o cérebro já teria encontrado a solução para o que consideravam o maior problema das próprias vidas. Assim acreditava o mestre.

— Você está certo, João! Com a velocidade com que o conhecimento está sendo lançado e com o acesso cada vez mais fácil ao mundo da virtualidade para todos, temos uma defasagem de informações que poucas escolas perceberam a necessidade de criar uma conexão com o que está acontecendo no mercado de trabalho. E, quando perceberam, não souberam como fazer de forma efetiva. Ficaram presas à agenda clássica da formação acadêmica, na qual o que ensina acha que sabe e os que escutam acham que aprendem — contextualizou o mestre.

— Professor, como poderíamos nos destacar nesta massa de pessoas que está em busca da mesma oportunidade de trabalho que procuramos? — colocou João.

Leleco que até então estava apenas ouvindo, decidiu se manifestar.

— Eu confesso que estou muito nervoso com tudo que está por acontecer. — Leleco se mexeu na cadeira e se colocou em uma posição de jogar a toalha.

O professor Frank já havia presenciado essa cena em diversos momentos de seu cotidiano. Em frações de segundos, relembrou as visões tradicionais do mundo aplicadas ao mundo do trabalho e do quanto a humanidade se mantinha em busca de evolução pessoal e profissional ao longo da existência.

No século XVIII, o ser humano era considerado uma máquina. O coração era a bomba que mantinha todas as atividades do organismo e o cérebro era um centro de informações. Na visão behaviorista, o homem era uma folha em branco e todo conhecimento se fazia por meio dos sentidos. A aprendizagem acontecia por meio de recompensa e punição. A psicologia humanista veio com Maslow e Carl Rogers, e pregava que o ser humano era responsável pelo próprio caminho e que a consciência era libertadora.

— João, sua pergunta é interessante e, talvez, eu possa respondê-la com outra questão: o que você tem para contribuir para o mundo?

— Leleco e João se mostraram intrigados com a pergunta.

— Como assim contribuir? Vou dar meu trabalho para empresa, isso já não seria suficiente? Não é o que eles querem? — João questionou.

— Aparentemente seria, mas não é suficiente para sua autorrealização e, como você mesmo perguntou, para sua diferenciação — colocou o mestre.

O velho mestre buscava sensibilizar que os tempos eram outros e que eles estariam em pleno século XXI atuando com um modelo do século XX. Modelo esse que partia, entre outras, da premissa de que o empregador sabe o que precisa e é um especialista em identificar isso nas pessoas. Do outro lado, o famigerado "candidato" tem o interesse em conquistar a vaga mostrando tudo o que sabe para "encantar" o selecionador. Ele mostra seu histórico no passado para o interlocutor que tem total interesse no futuro. Algo que não fecha.

João e Leleco se concentraram no professor, imóveis.

— Vamos observar o ambiente em que todos nós estamos inseridos. Vocês, eu, de certa forma, e todos os outros, nos formamos num modelo individualista e egocêntrico que é o modelo educacional vigente. Todos nós, desde os 7 anos até os 20 e poucos anos de idade, realizamos provas na escola para medir nosso aprendizado. Esse modelo, de certa forma, nos tornou extremamente competitivos e individualistas. A nota é individual — o professor desandou a falar.

João e Leleco permaneciam calados.

— Duvido que vocês tiveram a chance de fazer provas em equipes. Não, vocês foram reconhecidos por uma nota individual. Vocês fizeram muito trabalho em equipe, mas não provas. O ápice desse modelo que vocês vivenciaram se materializou no vestibular, no qual a competição é de vida ou morte. Para muitos, pode significar um sentimento de fracasso que os acompanha para toda a vida. Para outros, um sentimento de vitória que na vida nada pode significar. Esse modelo nos tornam um tanto egocêntricos, pois por meio de nós mesmos é que somos reconhecidos. É um *mind set* bom para certas situações e inquietações, mas faz com que não sejamos orientados para fora, para o Outro, com "O" maiúsculo — explicou o professor.

Os dois jovens observavam o andamento do raciocínio atentamente.

— Estamos falando de um conceito complexo e que creio que vocês levarão algum tempo para compreender. Vocês hoje se colocam na posição de candidatos a uma vaga de trabalho. Vocês falaram há pouco sobre o que querem, como se diferenciam e como serão "os caras". Notem que o foco de vocês está em vocês mesmos. Na verdade, ele deveria estar no Outro, ou seja, no cliente de vocês, as empresas, pares e times.

O professor continuou:

— Uma forma de vocês balancearem o foco seria focar um pouco mais na contribuição que vocês têm para oferecer. Dessa forma, destacar-se entre os milhares de colegas seria estar de olho na contribuição que vocês podem dar, alinhada com a expectativa que a

QUE DIFERENÇA EU FAÇO?

organização tem de vocês. Parece lógico e simples, mas não é. Todos nós vivemos e crescemos em outro modelo, mais focado no que queremos e não naquilo que podemos dar e no que o Outro espera de nós. Faz sentido para vocês ou estou filosofando em demasia?

João e Leleco estavam flutuando com tudo aquilo que ouviam, completamente concentrados na outra dimensão que o professor os colocou.

— É mestre, o buraco é mais embaixo! — exclamou Leleco ainda desorientado em seus pensamentos.

— Professor, faz todo sentido. Sinto que algumas coisas podem se encaixar a partir de agora. De certa forma, fico mais distante de minhas respostas, uma vez que, no fundo, eu não sei qual a contribuição que tenho para dar. Entretanto, fica claro qual o caminho para buscá-la. O senhor concorda? — perguntou João bem seguro de si.

— Que bom! — exclamou o professor. — O dever de casa agora é compreender a dinâmica: visão, missão, valores de empresas alvo, bem como as necessidades que elas, como clientes, possuem. Ao entrar em contato com esses pontos, vocês serão capazes de perceber o seu potencial contribuição manifestar-se internamente. Uma energia e uma coragem de que nada poderá detê-los — complementou o mestre.

O professor voltou a explicar que não seria fácil atuar nesse novo paradigma. Salientou que seria necessária muita prática para desenvolver habilidade para transitar e coletar resultados.

Os dois jovens agradeceram imensamente ao mestre, se despediram e caminharam absortos em pensamentos na direção do banheiro feminino. Foram alertados por uma senhora que passava e despertaram para a realidade de onde estavam.

— Pô, *brother*, estamos no azeite! A parada é bacana, mas vai dar trabalho — resmungou Leleco.

— É isso aí! Mas estou mais leve. Faz sentido ser ambicioso para servir ao outro. Não me sentia bem com essa coisa do "eu quero", "eu sou", "eu fiz" — comentou João.

Em direção ao metrô, os dois foram caminhando e conversando sobre as próximas etapas dessa preparação.

João estava falante, mas ainda sem respostas quanto à própria contribuição para alguma empresa. O perfeccionismo inconsciente o deixava com o pensamento estático e inseguro. Estava diante da grande questão de sua vida.

— Como quero contribuir com o mundo? — se perguntou em voz baixa.

:

PERGUNTAS PARA REFLEXÃO
Utilize o espaço abaixo para registrar anotações pessoais.

P Você que busca uma oportunidade de trabalho ou empreendimento, reflita: O que você pode levar para os seus potenciais clientes? Qual o seu diferencial? Como a sua contribuição pode ser percebida?

P Para você que já atua junto a uma empresa, qual seria a percepção de seus clientes (internos ou externos) quanto à sua contribuição? Como você gostaria de ser percebido e reconhecido pelo mundo ao seu redor? Experimente uma avaliação 360° informal!

CAPÍTULO 10

Saber dizer não

Cláudia estava em casa, navegava em busca de novidades na internet. Era domingo e a tarde estava chuvosa. Sentia necessidade de estar por dentro de tudo desde muito nova. No quarto havia livros e revistas especializadas em assuntos distintos espalhados e organizados em estantes, por assunto. A paixão por mitologia, Jung e roteiros podia ser percebida por qualquer pessoa que prestasse atenção nos títulos: *O poder do mito*, *Os símbolos e seus significados*, *O herói de mil faces*, *Story*, *Pathways to bliss*, *Manual do roteiro...* Sempre que dedicava tempo para estudar ou simplesmente ler sem compromisso sobre esses temas, Cláudia nutria a própria essência e não sentia o tempo passar.

No momento em que abria um site, percebeu uma mensagem na caixa de entrada de e-mail. O título era objetivo e seco: comparecer a entrevista. A mensagem dizia:

> Prezada Srta. Cláudia,
> Confirmamos a sua participação no processo seletivo da rede de lojas Morggi, especializada em moda feminina, com operação em todo território nacional. Aguardamos contato.
> Atenciosamente,
> Equipe Morggi R&S — Recursos Humanos

Cláudia releu o pequeno texto algumas vezes. A empresa Morggi chamou sua atenção porque atuava no ramo de moda feminina. Sabia que sua atuação seria interna, mas o fato de estar em um segmento de moda feminina parecia um bom motivo para crescer os olhos.

Parecia que a empresa oferecia uma posição efetiva. Não mencionava que era estágio. Cláudia ficou empolgada, aquele segmento cuidava do *glamour* que toda mulher vaidosa procura. Cláudia decidiu ligar para a única pessoa que confiava, seu confidente de plantão: João.

Contou toda história e perguntou o que ele achava. João também contou a ótima conversa que teve com o professor Frank e colocou que estavam muito presos ao o que queriam e que ignoravam o que o contratante realmente precisava, e enfatizava que focar na contribuição que é possível dar era a receita mais acertada para as melhores escolhas. Cláudia gostou das colocações de João. Nunca havia pensado daquela maneira.

— Cláudia, que tal você ver qual é? Estude sobre o assunto, a empresa — João recomendou.

Como a entrevista havia sido marcada somente para a próxima semana ela tinha chance de falar com o professor Frank. No dia seguinte, resolveu escapar de uma aula e foi à procura do professor, que tomava o tradicional chá na cantina do primeiro andar.

Cláudia falou sobre a conversa com João e demonstrou interesse em saber como podia saber qual era a contribuição dela no mundo do trabalho. Rapidamente o professor colocou os pingos nos is.

— Sua contribuição dependerá de outro elemento. Você precisará de um observador, ou seja, no vácuo, sua contribuição inexiste. Você pode e deve descobrir qual é o seu diferencial, sua essência! Aquilo que teoricamente ninguém faz igual a você e seja percebido por quem está em volta.

O professor tentou organizar o que lia na mente de Cláudia. Ela, por sua vez, estava atenta às considerações do professor e com a entrevista como pano de fundo de seus pensamentos.

— Como consigo descobrir esse diferencial? Se é que ele existe...
— perguntou Cláudia com a cabeça a mil.

— Não é tão fácil assim, preto no branco. Mas, de certa forma, é óbvio! É tão óbvio que normalmente temos dificuldade de perceber isso em nós mesmos. É tudo aquilo que fazemos sem perceber, com muita facilidade e leveza. É claro que não é só isso, pois estamos falando de suas competências, ou seja, "seus conhecimentos, suas habilidades e seu comportamento" diante das mais diversas situações. É preciso fazer uma autoavaliação para identificar e compreender como cada parte do tripé de sua competência opera sozinha e em conjunto — o professor desatou a falar novos conceitos e direcionamentos.

— Mas como é isso, professor? — Cláudia começou a se desesperar com a quantidade de coisas que precisaria descobrir até a entrevista.

— Calma, vamos por partes! Saber quais são os seus conhecimentos é fácil! Você estuda administração, princípios financeiros, teorias, *cases*, balanços etc. Já para saber quais são suas habilidades é necessário prestar atenção em como você se expressa, como mobiliza um grupo com suas ideias, como dá uma bronca, como seria capaz de demitir alguém no futuro emprego, quanto é efetiva numa conversa de *feedback* — o professor preferiu exemplificar para que o entendimento fosse mais rápido.

— Professor, começo a compreender, eu acho. Por favor, fale mais — Cláudia pediu com atenção.

— Cláudia, suas habilidades estão ligadas ao como você faz as coisas. Se pensar em uma metáfora, é como andar de bicicleta. Você tem habilidade de andar em qualquer lugar, mas, em lugares que não conhece, pode se perder. Suas habilidades possuem total mobilidade, mas seu conhecimento a prende à área de administração.

— É verdade, professor. Parece complicado, a princípio, mas a maneira como está colocando, está clareando minha mente. — Cláudia começou a se sentir mais segura.

— Seu comportamento é operado, de forma esquemática e simplificada, por seus valores, suas crenças e sua personalidade. Seus valores se expressam naquilo que a motiva, no seu jeito de fazer as coisas. Por exemplo: superar desafios, trabalhar muito, sacudir a equipe quando necessário, ser atenta aos detalhes e planejamento. Suas crenças são suas verdades. Você pode acreditar que precisa trabalhar numa grande empresa para ter maiores oportunidades de crescimento e quanto mais se dedicar, melhor será o resultado. Você pode acreditar que para conseguir determinado resultado precisa trabalhar muito, por muitas horas. Ou ao contrário, trabalhar de forma qualitativa, menos, falando com as pessoas certas, colocando a equipe na frente. Nossas crenças nunca são absolutas. Não deveriam! — alertou o mestre.

— Professor, é muito importante o que o senhor está dizendo. Sei que possuo valores e crenças, mas não os tenho bem definidos para mim. — Cláudia crucificou-se.

— Aconselho colocar no papel quais são seus valores e suas crenças, como um exercício de autoconhecimento. Você também pode conversar com pessoas que a conhecem bem. Faça perguntas sobre você, peça *feedback*. Algumas avaliações estão disponíveis na web. Um bom site é o "Career Anchor", do professor Schein. Registre seus conhecimentos e observe como faz as coisas acontecerem. Com certeza esbarrará em sua essência, no seu diferencial.

— Professor, mais uma vez o senhor me ajudou muito! Tudo está mais claro! Só mais uma pergunta: depois devo comparar se meu diferencial trará contribuição para meu potencial empregador? — Cláudia já se sentia capaz de fazer perguntas mais adequadas sem sentir-se embaraçada.

— Exatamente — respondeu o professor com ar satisfeito por ver sua aluna com o olhar brilhante.

Cláudia despediu-se do professor um pouco mais aliviada com os novos conceitos para serem colocados em prática. Foi direto para casa e pesquisou como poderia se conhecer melhor, pelo menos até a entrevista na próxima semana. Descobriu que suas competências,

SABER DIZER NÃO

valores e motivações podiam representar seu verdadeiro eu e ter claro entendimento de sua essência facilitaria decisões futuras na busca por oportunidades em empresas que estariam perfeitamente alinhadas com seu perfil pessoal e profissional.

A semana passou rápida e o dia da entrevista chegou. Os dias que antecederam aquele momento foram torturantes. Em seu breve processo de autoconhecimento, nomeou seu estilo pessoal como "viver a vida a própria maneira". Existia nela o espírito empreendedor e a vontade de construir algo novo. Via a vida como um todo e o equilíbrio entre vida particular e trabalho era-lhe essencial.

Cláudia chegou com trinta minutos de antecedência e ficou na recepção reparando em todos os detalhes de quem entrava e saia. Observou a decoração, a qualidade do mobiliário e estilo como as pessoas se vestiam. Tudo de forma premeditada, tentando conhecer a empresa *in loco*. Não demorou muito para ser encaminhada para uma pequena sala de reunião, onde lhe ofereceram água e café. Depois de poucos minutos de espera, a entrevistadora chegou. Logo de cara a entrevistadora e Cláudia sentiram uma empatia mútua. A conversa fluía e as perguntas que eram feitas recebiam respostas adequadas de ambos os lados. Cláudia teve a chance de fazer perguntas sobre o desenvolvimento do negócio e os desafios de crescimento. Observou pontos importantes sobre o mercado e posicionamento da marca. Havia estudado profundamente os principais competidores. Até aquele ponto tudo estava indo bem, mas quando a entrevistadora informou o escopo do cargo, Cláudia sentiu que havia tomado um banho de água fria, pois já sentia claramente que poderia contribuir em áreas mais dinâmicas. Constatou que não se encaixava no perfil que ela havia redescoberto a respeito de si. Era esperado que ela atuasse de forma analítica e solitária numa área de controle financeiro. Esta perspectiva a perturbou. Não deixou que a pessoa que a entrevistava percebesse. Manteve a mesma postura e tom de voz até o final.

No caminho para casa, Cláudia pensou nos prós e contras potenciais do papel que era esperado dela. Estava superfrustrada pelo fato de ser um trabalho de controle frio, sem muito movimento, controlando algo que já aconteceu, algo que alguém planejou, outro alguém executou e lá estaria ela, na sequência, controlando. Definitivamente essa pessoa não seria ela, não ela feliz. Tudo aquilo que o velho professor colocou agora fazia mais sentido do que nunca. Mesmo sabendo que o controle seria benfeito, pois ela era boa em detalhes, ficaria entediada muito rápido. Seu diferencial aparecia na pessoa que planejava, que desenhava possibilidades e que via a execução. Mas ainda estava em dúvida. "Será que com o tempo eu não poderia mudar de área?", sua cabeça girava em alta velocidade.

Cláudia recebeu no dia seguinte uma proposta concreta para trabalhar na Morggi. Sentiu-se muito feliz e o ego foi lá no alto. Apesar do pouco tempo que teve, sentiu que realmente foi muito bem preparada para entrevista. Queria muito começar a trabalhar e o segmento de moda era uma tentação. No primeiro instante, parecia ser o ideal. Como o professor sempre colocava em pauta: o autoconhecimento e saber o que se quer são primordiais para tomadas de decisão e escolhas. Cláudia entendia que o conceito era crível e tinha consciência que saber o que se quer exige mudanças de antigos hábitos para novos, que cobrava novas posturas e, com certeza, alcançava resultados diferentes. Sentiu enorme vontade de aceitar o emprego. Afinal, foi aprovada e começaria a trabalhar no dia seguinte. Passou uma noite sem dormir pensando na escolha que teria de fazer. Tinha conseguido dois dias para sua decisão final. Um dia já tinha se passado e na tarde seguinte teria de responder. Cláudia decidiu que não iria dividir aquela situação com ninguém. Sabia que todos seus amigos iriam aconselhá-la a aceitar a oportunidade sem muita reflexão. Falar com sua mãe, nem pensar. Sabia que ela tanto poderia forçá-la a aceitar como a rejeitar. O fato seria que em ambos os caminhos ela falaria durante dois meses na sua cabeça.

Pensou, pensou, e depois de muita racionalização, deu espaço para seu coração falar e tomou uma decisão. Sentou junto ao telefone e começou a digitar os números da empresa, sentiu os batimentos aumentarem e os dedos ficarem trêmulos. Chamou quatro vezes. Quando pensou em desligar, subitamente atenderam do outro lado e ela percebeu que não tinha mais volta. Seguiu em frente. Pediu para falar com a área de recursos humanos, diretamente com a analista Mariana, que havia lhe entrevistado. Mariana levou alguns minutos para entrar na ligação, antes de se decepcionar, pois as expectativas eram enormes quando conheceu Cláudia. Depois de explicar o racional de sua decisão, Cláudia enfatizou que declinava da proposta com aperto no coração, pois queria muito trabalhar naquela empresa, mas havia percebido que não era o perfil que estavam buscando, que seu talento não se encaixava nas exigências do cargo da área financeira. Enfatizou que se sentiria honrada se fosse considerada para outras posições como em compras, vendas ou talvez em marketing. De qualquer forma, a decepção da entrevistadora foi perceptível, mas Cláudia manteve-se firme em sua decisão.

Com a sensação de que havia feito a escolha errada, Cláudia decidiu sair para respirar ar fresco. Não tinha com quem dividir aquele aperto. Caminhou no calçadão da praia do Leblon e sentiu-se mais leve apesar de ainda achar que tinha cometido um erro. O visual do fim de tarde das praias da zonal sul carioca era restaurador. O contraste entre o azul do mar, o cinza dos prédios e o verde das montanhas ao fundo eram capazes de curar qualquer tristeza. Cláudia caminhou sozinha do Leblon a Ipanema, sentindo a brisa em sua face, sentindo o aroma da maresia entrar pela boca e nariz.

"O que está feito está feito!", pensou, descomprometida com a decisão.

Ao retornar para casa já estava bem melhor e pensando em algumas ações para os próximos passos. Procurou analisar outras empresas do setor e logo se animou em investir a energia em mais pesquisas na web e câmaras de comércio. Ao voltar para o computador, abriu um e-mail que tinha acabado de chegar com a divulgação de uma grande feira de oportunidades de estágios que aconteceria em vinte dias. Então começou a pesquisar outras oportunidades em novos segmentos e empresas.

PERGUNTAS PARA REFLEXÃO

Utilize o espaço abaixo para registrar anotações pessoais.

P Em determinados momentos da vida profissional, seja para iniciantes ou veteranos, vale parar e fazer um balanço. Levantar e analisar conhecimentos, habilidades e comportamentos pode ajudar a identificar suas forças e, claro, pontos de vulnerabilidade, dependendo do ciclo e contexto. Será que seu atual repertório é percebido? Será que seu repertório o está levando para um caminho não escolhido?

P Em algumas situações, um convite, uma promoção ou até mesmo, uma potencial contratação podem levá-lo a negligenciar sua verdadeira essência. Cuidado! Cavar uma oportunidade ou negar um convite são lados opostos de uma mesma moeda.

CAPÍTULO 11

Desconstruir para reconstruir

O rádio-relógio acordou Caio com o falatório das notícias às seis horas da manhã, em ponto. Caio rapidamente pressionou aquela famigerada tecla que programa a máquina para tocar novamente de nove em nove minutos. Talvez os nove minutos mais preciosos na vida de muitos.

Nesse dia, Caio não conseguiu curtir a tradicional cochilada extra. A cabeça estava a mil por hora com todos os problemas que tinha a resolver na empresa naquele dia. Sentiu-se desanimado para levantar e ir para o trabalho.

Caio morava sozinho no Rio desde que entrou na faculdade, em um "quarto e sala" no bairro do Flamengo, com 45 metros quadrados distribuídos entre quarto, sala, banheiro e cozinha minúsculos, com vista para os fundos do prédio, o que para Caio era ótimo, pois não tinha o barulho das ruas entulhadas de carros e ônibus. Por algumas vezes tentou dividir o apartamento com algum outro estudante, mas não deu certo. Conciliar duas vidas naquele pequeno ambiente era quase impossível.

Caio tomou rapidamente seu cafezinho e saiu em direção ao metrô da estação Senador Vergueiro enquanto comia alguns biscoitos.

Pensativo ao longo do trajeto, não podia chegar atrasado. Na verdade, Caio era tão disciplinado que jamais se permitia atrasar no trabalho ou na faculdade.

"São tantos problemas e as pessoas teimam em remar para lados opostos. Será que elas sabem qual a direção?", pensou Caio, desviando seu foco para o dia a dia de sua área de trabalho.

Caio vinha, a cada dia, percebendo o quanto o jogo político e de interesses diversos entre departamentos eram presentes no ambiente empresarial. "Será que é assim também em outras empresas?", perguntava-se.

Entre outras observações, Caio notava que pessoas que trabalhavam muito não eram percebidas pelos líderes e que muitas das que enrolavam ou não trabalhavam tanto, sempre estavam no cafezinho com o diretor.

A área em que atuava nessa etapa do programa de *trainee* era a de planejamento em operações, com certeza uma das mais nevrálgicas de uma empresa. Nessa área ele participava das previsões de vendas e planejamento de compras. Ele apoiava a área comercial, gerando dados e informações sobre, entre outros, estatísticas e históricos, todos dados para apoiar a tomada da decisão. O trabalho de sua área apontava as necessidades de materiais a serem comprados, estocados, transferidos para a de serviços ao cliente. A única diferença era que no papel tudo funcionava, mas na vida real era um caos regado a disputas pessoais, vaidades e demonstração de poder.

Como a empresa valorizava muito as áreas comerciais, essas áreas sempre eram protegidas ou isentas de erro ao final das discussões. Quando faltava produto no estoque para vendas, a culpa era de operações. Por outro lado, quando sobrava muito estoque, a culpa também era da área de operações, por não ter planejado corretamente. Ou seja, a área de negócios nunca era a culpada.

Era estranho, pois Caio notava que nas reuniões estratégicas de alinhamento todos pareciam estar envolvidos com os objetivos

DESCONSTRUIR PARA RECONSTRUIR

do trimestre. Todavia, ao saírem da sala de reuniões, cada departamento entrava em sua própria realidade. Nitidamente, o "o que fazer" estava claro. O bicho pegava no "como" fazer. Cada um queria fazer do seu jeito e aparecer com os louros da autoria quando os resultados eram bons.

"Será que é isso que eu quero? É isso que terei de enfrentar para crescer?", e Caio passou a se perguntar como poderia melhorar essa situação.

Aquele dia transcorreu como tantos outros. Caio sabia que sua grande inquietação estava relacionada com a informação se ele seria ou não efetivado ao final do ano. Ele ainda não sabia se tinha conseguido ser avaliado com justiça para ser efetivado depois da formatura. E esta angústia o deixava ansioso.

O dia chegou ao fim e Caio correu até o metrô em direção à Universidade. O fluxo de passageiros para a zona norte no final do dia era uma loucura. O metrô ficava tão cheio que não era necessário se segurar, pois as pessoas se espremiam tanto que não tinha como se mexer. Caio estava esfomeado e decidiu passar pela cantina para fazer um lanche. "Seria ótimo poder tomar um banho", pensou.

Ao subir a rampa para seu andar, viu o professor Frank caminhando na mesma direção que a sua. Adiantou o passo e o tocou no ombro.

— Boa noite, professor! — cumprimentou Caio.

— *Guten abend, mine freund*! — replicou o professor.

— O senhor tem cinco minutos para conversarmos? — Caio pediu.

— Tenho até quinze. Vamos à minha sala — respondeu o professor.

A sala do professor estava um forno depois de um dia inteiro fechada e com o ar-condicionado desligado. Ele abriu a janela e deixou a porta entreaberta. Caio sentou-se no sofá e o professor puxou uma cadeira cheia de papéis.

— Vamos lá, meu jovem! Sobre o que você gostaria de conversar? — O professor abriu espaço para Caio.

Caio expôs com detalhes as questões e experiências que vinha vivenciando e o quanto estava sendo difícil domar a ansiedade até sua efetivação.

— Professor, será que estou na empresa errada ou sou o cara errado? Não aguento pensar que me esforcei durante anos para ter que viver num jogo de xadrez em três dimensões. São dez, às vezes doze horas por dia e, pior, com gente muito incompetente que parece fazer questão de criar intrigas — desabafou Caio.

O professor Frank sorriu e disse com tranquilidade:

— Seja bem-vindo ao time, meu jovem! Esse é o nosso mundo, o mundo dos humanos que erram e que, às vezes, acertam. Que sabem e não sabem e que, como todos nós, supercarentes de reconhecimento. Procure notar que todos querem, de preferência, acertar. A questão central reside no fato de que somos todos diferentes e que, por muitas vezes, escolhemos caminhos diferentes — O professor abriu a explicação.

— Mas, professor, como é possível conviver com tanta perda de tempo, conflitos, jogos políticos, se o que interessa é o cliente que está lá fora pagando para ser bem atendido? — esbravejou Caio.

O professor sorriu de maneira discreta, quase imperceptível para Caio, e continuou a ouvir as indignações do jovem estudante.

— Nos preparamos tanto! Se querem acertar, por que não acertam? Ficam rodopiando e disputando espaços enquanto os clientes vão para o quinto plano. — A revolta de Caio era visível.

O professor o escutou com o olhar fixo no rosto de Caio, que em alguns momentos lançava o próprio olhar para baixo e à esquerda em uma conversa consigo.

— Vou contar um acontecimento recorrente. A área de vendas atendeu a demanda de um cliente para mudar o endereço de entrega de nossos produtos. Alguns vendedores aconselharam o cliente a cancelar a matrícula no endereço anterior, pois seria responsabilidade da área de operações reprogramar as novas rotas e dimensionamento de estoques, de forma que eles, de vendas, pudessem realizar uma nova venda para o mesmo cliente, só que com endereço novo! Isso eu vejo ocorrer todos os dias, tirar de um bolso e colocar em outro. Se alguém perguntar algo a respeito, batem no peito e dizem que estão focados no cliente — Caio falou com tom de decepção.

O professor continuou prestando atenção nos protestos de Caio.

— Professor, penso seriamente em largar tudo. E o senhor é o primeiro a saber disso — ameaçou Caio.

O silêncio permaneceu alguns segundos na sala. O professor Frank parecia recordar algum momento da própria vida quando começou a falar.

— Imagine se pudéssemos colocar os melhores jogadores do mundo numa seleção de futebol. Nunca jogaram juntos, só se conhecem por nome e todos são feras em suas posições. Mesmo sabendo que todos conhecem a meta, que é ganhar o jogo, existirão problemas de entrosamento, rivalidades e possíveis desentendimentos. Se o treinador privilegiar alguns, as coisas podem piorar. Se cada um souber quanto o outro colega ganha, o barril pode explodir... — considerou o mestre. — Você tem solução para esses problemas? — O professor queria descobrir o que Caio poderia ver além da situação.

— Não, acho que talvez encontre uma solução quando eu for o líder do time — Caio se manifestou cheio de propriedade.

— É para isso que você quer ser presidente? — O professor o instigou.

— Claro que não apenas para isso! Quero construir um time forte, coeso, harmônico, próspero... — As palavras foram sendo lançadas no ar.

— Então, esse é seu objetivo? — O rosto do professor brilhou por alguns instantes.

— Mais que isso, professor, esse é meu sonho! — Caio se sentiu importante neste momento, acreditando em seu próprio sonho.

— Sonho não, isso é um objetivo, uma meta, totalmente atingível. Sonhos são inatingíveis, são utopias, e normalmente nos mobilizam com uma tremenda paixão. São maiores e mais fortes que as metas — O professor o incentivou a manter-se motivado.

— Sinto que sim. Meu medo é não conseguir atingi-lo — Caio desabafou.

— Observo que você não está aguentando sobreviver para alcançar seu objetivo, certo? — O professor cutucou um pouco mais fundo.

— Tenho que confessar que sim. — Foi difícil para Caio admitir.

— Qual é o seu sonho? — As perguntas do professor exigiam respostas mais precisas de Caio.

— Sei lá, tenho de pensar. — A mente de Caio estava repleta de incertezas naquele momento.

— Pense bastante! Talvez o sonho faça você ser mais tolerante e compreensivo para superar os desafios atuais. Relevar as questões humanas, aceitá-las, e, por meio delas, alavancar transformações das pessoas que querem acertar. Sonhe grande, não custa caro! Cuidado com os sonhos egocêntricos e excessivamente materiais. Escutei uma história que ao ser perguntado se havia sonhado em construir uma grande empresa, Bill Gates retrucou: "Jamais sonhei com empresa alguma. Meu sonho sempre foi encontrar uma interface amigável entre os usuários e a máquina". — As citações do professor eram sempre mobilizadoras.

— Visto sob este ângulo, faz sentido, professor. Mas ainda me pergunto: por que as coisas são assim? Tudo muito complexo e caótico? — Caio realmente estava desanimado com as experiências que estava passando.

— Meu jovem, procure compreender o sistema capitalista em que vivemos. Os acionistas das empresas, eu, você daqui a pouco, queremos o retorno de nossos investimentos. Você será um deles quando comprar ações ou emprestar dinheiro para uma empresa. Não é aceitável uma empresa que você investiu não gerar lucros na velocidade que o mercado exige. O presidente de sua empresa recebe essa pressão a cada trimestre, no mínimo. Esse tipo de energia, de velocidade, resultados e crescimento, permeiam toda organização. E você precisa entender que faz parte disso. Veja a real complexidade e interdependência que coexistem — o professor desenrolava.

DESCONSTRUIR PARA RECONSTRUIR

A conversa tomou um rumo que trouxe novo olhar para Caio a respeito de como interpretar os acontecimentos.

— É verdade! Não entendia dessa forma. Eu e outros colegas somos rotulados de geração Y. Que somos impacientes, mercenários e não comprometidos — Caio quase se desculpava por existir.

— Essa é outra besteira que está na moda, não? É importante você também compreender a gênese desse rótulo. A teoria surge com os *baby boomers* norte-americanos, que hoje devem estar na minha faixa etária. Eles são filhos de pessoas que viveram a Segunda Guerra Mundial. As pessoas não têm ideia do que é presenciar uma guerra. São muitas rupturas, destruição de valores, privação de tudo, moral, física, psíquica. Esses filhos tiveram uma criação com esse pano de fundo, pois seus pais viveram a guerra, uma geração com medo, sem muito incentivo para arriscar, seguidores de ordens e passivos em aceitar a regra do jogo, pois a grande vitória era sobreviver. Depois dos *boomers* veio a geração X, menos neurótica, focada em crescer, prosperar, trabalhar muito, ganhar dinheiro e fazer coisas que normalmente seus pais não puderam fazer por causa de seus limites. A geração Y já nasceu nessa prosperidade material, teve acesso à tecnologia muito cedo, liberdade de expressão política, sexual etc. — O professor explanava momentos históricos pontuais e Caio o escutava em silêncio.

— Quando digo que é besteira é porque o Brasil não sofreu com a guerra. No Brasil, não teve *boomers* e, por consequência, nem geração X ou Y. Essa teoria é furada para o Brasil — concluiu o professor.

— Mas, professor, por que somos taxados com estes conceitos? — Caio se mostrava indignado e em dúvida.

— Na minha humilde opinião vocês são "Y transgênicos". Estão plugados em tecnologia e são idealistas, ansiosos, volúveis e, principalmente, intolerantes. As gerações anteriores sofreram certa repressão no passado, eram mais pacatas e conformistas. Aceitavam o mais e o menos com retidão. Vocês não são intolerantes com as questões que envolvem o emocional do humano, são carentes por quererem o reconhecimento rápido e em grande intensidade e sofrem com uma referência temporal de outro planeta. Tudo é urgente, agora! É preciso compreender as limitações das pessoas, suas fragilidades emocionais, as dificuldades sociais e seus medos. É o que os fazem "agressivos". — O professor manteve o tom de voz muito empolgado.

A cabeça de Caio estava latejando. Parecia que ele nunca tinha aprofundado tanto uma questão tão importante para compreender o mundo que o rodeava.

— Mestre, nossa conversa foi fantástica e esclarecedora. Da maneira como o senhor colocou os acontecimentos, fez com que as coisas tomassem um sentido mais lógico para mim. Muito obrigado pelo seu tempo. — Já estava na hora da aula e Caio queria liberar o mestre.

— Meu caro Caio, sempre que você precisar, estarei por aqui, mas traga progressos, não erre os mesmos erros — despediu-se o mestre sorrindo.

Caio correu para aula. Entretanto, sua cabeça estava longe: "Qual é o meu sonho?", pensava.

⋮

PERGUNTAS PARA REFLEXÃO
Utilize o espaço abaixo para registrar anotações pessoais.

Normalmente, os tijolos que colocamos hoje são os que vão edificar a nossa casa no amanhã. É o mesmo que fazemos com nossa carreira.

P Reflita sobre que casa você gostaria de ter. Em que região? Cercada de que? Com que vizinhos?

P Com o sonho de casa mais delineado, você terá muito mais força e sentido em coletar tijolos no hoje. Ou seja, um sonho profissional instigante e mobilizador poderá trazer significado e consequente força para você experimentar as mazelas humanas no coletivo. Qual o seu sonho?

CAPÍTULO 12

Onde estão as oportunidades?

Início do segundo semestre de 2004. Reta final para a formatura em dezembro!

Diferente do tradicional mercado de recrutamento e seleção, surgiu naquele ano uma empresa que centralizava as oportunidades que os principais empregadores ofereciam aos jovens em processo de conclusão de curso, principalmente para *trainees* e primeiro emprego para recém-formados. Não se tratava apenas de uma feira de empregos, banco de vagas ou processos seletivos em escala. Era uma empresa sem fins lucrativos idealizada por um grupo de empresas demandantes do recrutamento de pessoas, com suporte de um *pool* de empresas[1] que queriam uma gestão de seu *pipeline*[2] externo de jovens qualificados. Tratava-se de uma aposta em um empreendimento inédito no mercado. Essa instituição cuidava desde do posicionamento e visual do *stand* das empresas na feira, passando pelo treinamento dos atendentes, até a arte-final do conteúdo que seria apresentado ao público.

---

[1] Grupo formado por empresas que se unem com objetivo de obterem ganho de escala em atividades específicas.

[2] Fonte ou abastecimento de recursos humanos.

A Pool de Talentos tinha como missão incentivar as empresas a falarem sobre desafios e requerimentos de competências, de forma a tornar o processo mais inteligível e sedutor para os jovens. Até então as empresas de recrutamento focavam as posições disponíveis. O mercado começava a mostrar sinais de maior maturidade e competitividade na busca dos potenciais candidatos. A Pool de Talentos era uma organização sem fins lucrativos patrocinada por um grupo de empresas com sede e/ou operação no Rio de Janeiro, de variados portes, nacionais e multinacionais. Possuía uma lógica inovadora para atender às necessidades do mercado. O evento foi amplamente divulgado por meio de um blog, no qual todos os jovens se conectaram e divulgaram de forma relâmpago, e também por todas as universidades do Estado.

O processo era bem dinâmico. Se o jovem tivesse interesse e atendesse aos requisitos básicos, já poderia participar de uma rápida entrevista preliminar com um representante da empresa contratante, via telefone ou vídeo, direto da feira. Se fosse aprovado, já recebia uma agenda para a continuidade do processo seletivo, provavelmente nas instalações da respectiva empresa.

Leleco, Cláudia e João se encontraram perto da Lagoa e rumaram juntos em direção ao evento nas instalações da UFRJ, na Ilha do Fundão. Ao longo do trajeto, conversaram sobre as próprias expectativas e reflexões que vinham fazendo a partir das provocações do velho mestre. Leleco estava muito ansioso e otimista em relação às conquistas futuras. Cláudia, mais contida, colocava as conquistas na forma de desafios ainda desconhecidos. João, se pudesse, não teria ido, pois suas dúvidas e medos ainda o atormentavam. A única coisa que o motivou ir era a oportunidade de estar próximo à Cláudia.

Ao chegarem ao local do evento, resolveram se separar para não perder tempo. Partiram para visitar os *stands* e observar as apresentações de algumas empresas.

Ao notar o encantamento promovido pelas empresas, João pensou no professor Frank, que chamava esse recurso de "doce ilusão", principalmente porque as empresas não abriam ou compartilhavam seus próprios desafios a respeito de sua cultura organizacional. Nela apareciam características não tão belas comparadas à promoção de sua marca.

"O professor Frank está certo: a promessa da marca raramente reflete a cultura interna da empresa, e essa é a principal causa de sofrimento e infelicidade nas pessoas que iniciam o trabalho com altas expectativas. A questão central era que essa afirmação não faz sentido para os estudantes no meio do curso. Agora sim, está clara a mensagem", refletia João ao caminhar pelo evento. Ele estava desmotivado. No íntimo, tudo aquilo parecia sem sentido. Entendia que precisava escolher uma empresa que tivesse ambiente e valores alinhados com seu perfil e que sua contribuição fizesse a diferença entre ele estar ou não ali. Todavia, o *insight* não vinha. Visitou três grandes empresas e sentiu-se convencido de que não queria atuar com aquele tipo de estrutura, onde tudo era grandioso e parecia funcionar de forma quase automática, exatamente o oposto do que seus colegas pensavam. Para eles, ser contratado por uma grande corporação seria um claro sinal de sucesso e excelente currículo a ser construído.

Decidiu-se por conhecer um pouco mais as médias empresas. Interessou-se por uma renomada agência de publicidade e criação. Seu *stand* era simples, mas muito criativo. As pessoas estavam conversando em roda, o que chamava atenção dos visitantes. Logo que entrou, uma atendente com cara de "cdf" o acompanhou, explicando tudo o que acontecia ao seu redor. João informou seus dados pessoais e o seu valorizadíssimo coeficiente de rendimento (CR[3]). João era um excelente aluno, seu CR havia ultrapassado a barreira de 8 no último período e era fluente em inglês sem nunca ter viajado para o exterior. Chamava atenção dos interlocutores, apesar dele mesmo se sentir pasteurizado em demasia. Ele acreditava que esse indicador potencial

---

[3] CR é o resultado da média ponderada entre a nota final por disciplinas e seu respectivo peso ou número de créditos.

de performance isoladamente não proporcionava muito significado a respeito da pessoa que ele era. Conhecia muitos colegas com alto CR que eram péssimos seres humanos.

De outro lado da feira, Cláudia praticamente passou a maior parte do tempo em uma empresa global do setor de óleo e gás. A sofisticação da conversa com uma norte-americana que representava a área de recursos humanos da empresa nas Américas, os desafios apresentados e as perspectivas de crescimento definitivamente apagaram as outras empresas de seu radar.

Leleco acabou seduzido por um grande estaleiro atuante na região de Niterói. Leleco era um tipo marrento, musculoso, o que criava certa identificação com esse tipo de indústria mais bruta. Além disso, ele gostava de coisas mais técnicas, como soldagem, apesar da distância do assunto com o curso da faculdade. Apesar de negar, os amigos acreditariam *a posteriori* que seu critério para escolher trabalhar em um estaleiro tinha relação com viagens e mar, o que ele nunca concordou ou discordou. Algo típico de Leleco, sempre em cima do muro. Rapidamente ele garantiu sua agenda de entrevistas junto ao potencial empregador.

Cláudia, que também era uma aluna "CR *over* 8", conseguiu fechar entrevista com a empresa que escolheu sem muito esforço.

João, mesmo sem muito tesão, conseguiu levar o jogo para prorrogação no território da própria agência, logo para a semana seguinte.

Quando se reencontraram, em êxtase, tomaram o rumo da zona sul, no carro de Leleco. Cláudia e Leleco empolgados com as conquistas dos três, e João semicalado. Cláudia perguntava sem parar sobre as empresas deles e ao mesmo tempo queria falar da dela. Leleco falava sobre as grandes encomendas que o estaleiro já teria para os próximos anos. João apresentava um sorriso forçado para os seus melhores amigos.

— João, você não parece muito animado com sua escolha. Existe algum senão? — perguntou Cláudia olhando-o nos olhos.

ONDE ESTÃO AS OPORTUNIDADES?

Cláudia estava no banco da frente, ao lado do Leleco, e João no banco de trás, exatamente atrás dela, pois se sentasse atrás de Leleco ficaria com as pernas espremidas. Para que Cláudia pudesse encará-lo ela teve de girar todo o corpo, de joelhos no banco da frente, abraçando o encosto do banco e olhando para João com a cabeça um pouco inclinada. Aquele olhar de "me beija", naquela posição, era demais para ele. Irresistível! Sua vontade era de segurar sua face com as duas mãos e beijar aqueles delicados lábios.

— Não sei... Realmente não sei se é isso mesmo que quero — João suspirou e desviou o olhar ao responder.

— Olha lá, hein, João! Cuidado para você só ficar no lado egocêntrico, como disse o professor Frank — alertou Cláudia.

— É maneira de dizer. Não estou convencido se minha contribuição pode fazer sentido para aquela empresa. Na verdade ainda não identifiquei bem minha contribuição potencial, acho eu — replicou João, ainda olhando pela janela.

— Tá bom, se precisar de ajuda estou aqui. — Cláudia se colocou à disposição, retomando a posição convencional no banco do carona.

Por alguns segundos João se desvencilhou da questão da empresa para voltar a pensar em Cláudia.

"Eu sou um babaca! Como conseguirei chegar nela? No fundo eu queria pedir colo e ficar observando aqueles olhos de jabuticaba...", pensou João ao longo do restante do trajeto.

Depois de uma semana, na véspera da entrevista na agência, João recebeu um e-mail de Cláudia contando que havia conseguido a vaga de estágio e uma promessa de contratação automática após a formatura. João ligou para parabenizá-la. Hesitou em chamá-la para comemorar. Ela estava quase explicitando seu interesse em ser convidada para sair quando ele informou que a reunião dele seria no dia seguinte. Cláudia, então, mudou a conversa de rumo e contou que Leleco também estava próximo de ser contratado. Ainda não estava dentro da empresa porque um gerente estava retornando de viagem.

Leleco comentou que seu sofrido CR 6,2 e sua idade não foram problema, pois ele foi muito seguro em mostrar sua oferta para os entrevistadores. Mais uma vez, João terminou a ligação com o sentimento de impotência diante de sua eterna paixão. Foi dormir sentindo que havia algo errado com ele.

Na manhã seguinte, dia 29 de agosto, João chegou à agência. A gestora de RH, Solange Peixe, o recebeu sem muita pompa, e a primeira pergunta já provocou certo pânico em João.

— Como vai, João? Quero saber por que você selecionou nossa empresa. — Solange era uma mulher de meia idade, com aparência jovial. Cabelos na altura dos ombros. Vermelhos. Corpo sarado, mas sem esconder os traços de uma genuína *workholic*.

— Estou bem, Solange. Minha escolha pela Panta Publicidade é muito clara. Gosto da dinâmica que parece existir neste ambiente de trabalho. Essa agitação tem a ver comigo. Além disso, trata-se de uma grande empresa, referência do setor de publicidade e criação — João respondeu sentindo as mãos suadas.

— De zero a dez, como você escalaria sua empolgação para trabalhar na empresa? — Solange observa os movimentos do corpo de João, seu rosto, a maneira como está vestido.

— Empolgação?! Ahhhh... Acho que sete. — João arriscou o número que considerava ser de sorte.

— Por que só sete? — Solange insistiu em saber o grau de interesse do João para trabalhar na empresa.

— Talvez porque não conheço vocês muito bem. — João não conseguiu imaginar melhor resposta, mas estava sendo sincero.

— Ok. Como você descreveria sua trajetória na Panta, no futuro? — Solange queria saber até onde João se via atuando na empresa.

— Bem... Quero crescer junto com a empresa. Acho que posso contribuir na gestão do negócio. Talvez conhecendo melhor, eu possa ser mais preciso. — João se sentia indeciso.

ONDE ESTÃO AS OPORTUNIDADES?

A conversa entre os dois seguiu a passos cautelosos de ambas as partes. Tudo indicava que ambos não queriam correr riscos e que, se pudessem, seriam sempre café com leite.

João se despediu de Solange com um sorriso, agradecendo a oportunidade.

Três dias depois João recebeu um e-mail de agradecimento pela participação no processo seletivo informando que ele não havia sido selecionado. Sentiu-se triste e decepcionado. Ligou para Leleco e contou a história. Perguntou para ele onde errou. Leleco não sabia avaliar, mas prometeu ajudar mesmo sem saber como.

"Onde errei?", questionou-se João, totalmente inconsciente da percepção que sua interlocutora possa ter tido.

:

PERGUNTAS PARA REFLEXÃO

Utilize o espaço abaixo para registrar anotações pessoais.

P A falta de entusiasmo e empolgação de João pode ter lhe retirado do processo. Você já passou por algo parecido?

P Caso já atue em uma empresa, como você genuinamente se sente em sua empresa? O que é aspiração e o que é fato? Qual a relação disso tudo com sua essência?

CAPÍTULO 13

A solidão entre o Eu e o Outro

Outubro já ia pela metade. Era hora do almoço no estaleiro, Leleco aproveitou o tempo livre para saber como estava João, mas como não queria criar uma situação delicada caso ele ainda não estivesse trabalhando, ligou para Cláudia. Na verdade, como todo mundo, não conseguia admitir que era ele mesmo quem não queria ficar constrangido caso o amigo ainda não tivesse encontrado trabalho.

— Alô, Cláudia? Pode falar? — Leleco tinha na voz um tom apressado.

— Sim. Como está essa vida dura da ponte marítima entre Rio e Niterói? — Cláudia brincou com Leleco.

— Tá bacana! Venho muito cedo e acabo pegando o contra fluxo. Na volta, agora com horário de verão, ainda dá para cair no mar. — Leleco era louco pelo mar. Não conseguia ficar longe, mesmo quando saía tarde do trabalho, mergulhava já com estrelas despontando no céu.

— Claudinha, você tem notícias do João? Não falo com ele há mais de um mês. Nossos horários na faculdade estão descasados. — A voz de Leleco vacilou, sentia-se um amigo descuidado.

— Estivemos juntos semana passada. Ele comentou que não está fácil. Já participou de três processos seletivos e não foi o candidato escolhido no final — disse Cláudia, desanimada e com preocupação.

— Putz! Que chato! Vou ligar para ele. Agradeço por contar. — Leleco tinha praticamente certeza que João não estava empregado, caso contrário o amigo contaria a novidade para todos.

— Leleco, estou com saudades de nossos chopes. Vamos combinar um encontro? — Cláudia se despediu melancólica.

— Vamos sim, querida. Beijos com queijos. — Ao desligar, Leleco pensou que alguém tinha de tomar a frente desse encontro ou não aconteceria nunca.

Ambos sentiam na pele que a realidade havia mudado. O mundo profissional não permitia que as pessoas se encontrassem com facilidade. Cada um começava a seguir o próprio rumo, a vida de trabalhador cobrava um preço alto em relação aos amigos: a solidão.

João estava no computador da biblioteca da faculdade estudando empresas e seus segmentos quando o celular vibrou no bolso da calça.

— Fala Leleco! Tudo bem? Belê? É cara, nada ainda. Achei que fosse mais fácil, mas não está mole. É claro, sempre conto contigo... Valeu. Tchau. — Leleco não sabia o que falar e João finalizou a conversa, pois tinha que ir ao centro da cidade para participar de outra entrevista. Ficaram de se encontrar à moda carioca, querem se ver, mas ninguém fala quando e onde.

João perdeu momentaneamente a concentração no texto que lia. Tinha se afastado dos amigos e sentia saudade da amada; sentia-se um perdedor e, pior, não sabia exatamente no que estava errando, passava horas estudando e se questionando se estava no caminho certo. Das três últimas entrevistas que participou, pediu *feedback* na terceira: o entrevistador disse que faltou brilho nos olhos.

— Mas que porra! Brilho nos olhos. Estes caras devem estar loucos. Não quero ser ator nem político. — A vontade de João era jorrar gotas e mais gotas de colírio nos próprios olhos para conseguir o tal brilho. Ou talvez usar lentes de contato.

Dessa vez não se tratava exatamente de uma entrevista, e sim de uma ajuda ou indicação, assim acreditava João. Seu primo havia lhe

A SOLIDÃO ENTRE O EU E O OUTRO

indicado um consultor de carreira, teoricamente um especialista no assunto, mas não era exatamente alguém que João pudesse contratar, seria apenas um papo de orientação geral. Normalmente as grandes consultorias do setor não trabalhavam para pessoas físicas.

João chegou à consultoria quinze minutos antes, como de costume, superpontual. Enquanto esperava na recepção, percebia o movimento, a grande maioria parecia estar blindada ao que ocorria ao redor, momentaneamente em *stand by*, talvez pensando nas próprias vidas.

O consultor o recebeu na hora marcada. Rubem era alto, forte, de cabelos grisalhos e aparentava 50 anos. Usava um terno de risca e sapatos de couro na cor pinhão e preto. O semblante era sério, mas ao se aproximar de João, um largo sorriso surgiu no rosto do homem que poderia resolver todos os problemas de João. Pelo menos era o que João imaginava.

— Como vai, João? — Rubem o saudou com um aperto de mão firme e seco.

— Tudo bem. — João sabia que estava longe da verdade, mas aquela era a resposta de praxe.

Rubem o direcionou para um corredor comprido, com portas de ambos os lados. Quando estavam quase na metade do caminho, Rubem abriu uma que dava acesso a uma pequena sala, com mesa semioval e duas cadeiras. Assim que se sentaram Rubem foi direto.

— Diga-me como posso ajudá-lo. — Tinha um bloco e caneta a sua frente.

— Rubem, primeiro gostaria de agradecer por você aceitar conversar comigo. — João sentia-se embaraçado por estar na frente de uma pessoa para falar a respeito do estado em que se encontrava por causa das recusas que recebeu das empresas por onde passou.

Começou relatando as entrevistas que havia participado e das rejeições constantes que tinha recebido. Quando ficou em silêncio, Rubem o questionou:

— João, você compreende a percepção das pessoas com quem conversou? — Rubem perguntou de forma branda.

— Como assim? — replicou João.

— Percepção. Algo pelo qual nós não temos participação direta. Muitas vezes as pessoas percebem coisas que não queríamos mostrar. Ou ainda, não percebem coisas que mostramos e, em alguns casos, diferente do que intencionávamos. Você me entende? — complementou Rubem.

— Entendi. Nunca me preocupei com isso. Normalmente fico atento ao que eu quero passar — argumentou João de forma passiva.

— É isso aí, meu caro. Nossa capacidade de expressão é complexa e precisamos a todo o momento checar se estamos na direção certa — concluiu Rubem.

João se mexeu na cadeira inquieto.

— Muito bem, João. Diga-me: como você avalia seu autoconhecimento? — Rubem esperou a resposta de João.

"De novo? Não!", João pensou.

— Acho que me conheço o suficiente para saber como posso contribuir em diferentes contextos, quais são meus valores, minhas competências... — João tentou parecer o mais claro possível, mas nitidamente sem paciência para encarar esses temas novamente.

— Ótimo! Então, o que você quer? — Rubem mais uma vez o questionou com olhar penetrante.

— Como assim? — João quis ganhar tempo.

— Qual empresa ou segmento que você quer trabalhar? — preferiu ser mais específico, mas sem desviar o olhar.

— Francamente Rubem, eu não sei. Os negócios e as operações das empresas não fazem meus olhos brilharem. — João jogou a toalha e decidiu ser sincero, seguir seu instinto. De alguma maneira, naquele instante, percebeu o que significava o tal *feedback* que recebeu na última entrevista.

— Entendo. Isso pode ser um problema. Atualmente observamos que esse desejo de jogar no time da empresa tem feito diferença na hora das escolhas, mas também não é o fim do mundo se você não descobre toda essa paixão. É mais ou menos como casamento antigamente, os noivos não tinham certeza se daria certo, pois não se amavam, eram meros conhecidos. Todavia, apostavam na união e trabalhavam para construção desse amor. Deixando de lado o romantismo, o fundamental é você compreender que o mais interessante é o que está no foco de seu cliente. No seu caso, o seu cliente é sua empresa-alvo.

— Legal! O foco do meu cliente! Gostei! — João sentiu que aquele podia ser um caminho diferente do que vinha seguindo.

— Procure ouvir, pesquisar, perguntar e identificar as questões que rondam seus clientes. Será por meio delas que você poderá descobrir, em você mesmo, como se ajudar. Pode ser que nesse momento seus olhos brilhem com uma descoberta. — Rubem gostava do trabalho que realizava naquelas pequenas salas, sentir o *insight* nas pessoas eram a energia e reconhecimento que o moviam.

João estava contente só por estar sendo ouvido por uma pessoa que parecia entender o que se passava em sua mente.

— Você tem algo específico a perguntar? — Rubem questionou.

— Nossa! Tenho milhares de perguntas. Sinto que uma das coisas que não fazem sentido é ver empresas buscando jovens e solicitando experiência prévia em determinadas áreas. Como posso ter experiência se esse será meu primeiro emprego? — desabafou empolgado.

— Você tem razão: soa paradoxal e é mesmo. Seu futuro chefe espera que você produza resultados, certo? — Rubem parecia ter o caminho das pedras.

João acenou que sim.

— Em que tempo verbal suas ações acontecerão ou aparecerão? — Rubem continuou o questionário.

— No futuro? — arriscou João.

— Ok! Em que tempo verbal está o seu currículo? — Rubem tinha a linha de raciocino completamente organizada.

— Passado — João respondeu.

— Será que essa é a melhor ferramenta de seu próprio marketing? O seu cliente querendo falar de futuro e você mostrando para ele seu passado. Você partindo da premissa de que seu cliente será capaz de ligar seu passado às necessidades dele hoje e no futuro é uma doce ilusão, meu caro — Rubem sugeriu um novo tipo de abordagem. — Já que você ainda não tem muitas realizações e experiência, vale utilizar o artifício para fortalecer sua marca.

— Como fazer isso? — João se interessou pela novidade.

— Mantenha seu currículo como está. A integridade dele é fundamental. Não crie versões diferentes, pode parecer que você está manipulando e mentindo. O que você pode fazer é adicionar uma carta capa, na qual mostrará suas ideias e interesses em contribuir no futuro com aquela determinada empresa-alvo. A *cover letter* poderá ser diferente para cada empresa. Faça indagações e indique possibilidades sobre o futuro de seu cliente, solte-se! Explique as situações em que você desenvolveu habilidades diferentes dos conhecimentos acadêmicos. Compreendeu? — Rubem falava pausado e com os olhos fixos em João.

— Entendido! — João, pela primeira vez, parecia entender o que significava desenvolver uma estratégia de comunicação por meio do próprio currículo.

— É preciso jogar com os "ãos": paixão, emoção, tesão etc. Essas são áreas que fazem a diferença e que normalmente escondemos de nós mesmo. Mas para isso tem de apostar naquilo que está diante de você. Se é amor, só o tempo dirá. Tudo poderá apenas ser uma doce ilusão, como eu já disse. — Rubem olhou para o relógio com cuidado e concluiu a conversa com João.

— Rubem, mais uma vez, agradeço. Acho que captei a ideia central. É certo que minha maior dificuldade está nessa aposta. Fico inseguro e acabo parando no meio do caminho. — João sentiu que as perguntas de Rubem foram primordiais para que uma nova maneira de pensar tomasse forma.

Eles se despediram e João refletiu sobre o ponto em que falaram sobre o foco do cliente, os problemas que existem na vida das pessoas de modo geral.

"Se descubro o que é isso posso gerar um produto!", João começou a imaginar como poderia criar um produto para que as pessoas tomassem conhecimento de suas necessidades intrínsecas. Germinava naquele momento a independência do modelo tradicional de arrumar emprego: um empreendedor acabava de nascer diante de seus olhos.

Sentado em sua sala, aguardando outro cliente, Rubem lamentava o quanto o mesmo problema atravessava gerações e milhares de jovens sofriam no início da carreira, causando sofrimento quando eram promovidos aos cargos de liderança.

"Será que as escolas não acordam para esse dilema no processo educacional? Deveria existir uma cadeira acadêmica cobrindo a transição entre escola e trabalho!", indignou-se.

Rubem ficava ainda mais possesso quando se lembrava da existência das empresas picaretas que iludiam os clientes com o golpe da "vaga que é a sua cara". Essas empresas colocavam uma descrição de cargo qualquer em um anúncio tradicional de emprego, sem revelar o nome do empregador, apenas fornecendo a caixa postal para a qual os currículos deveriam ser enviados. Depois de receberem bastantes currículos, eles esperavam duas ou três semanas para iniciar a "pesca" das vítimas. Uma pessoa que provavelmente enviou seu currículo recebia o telefonema de um suposto consultor, que procurava candidatos com determinadas características e experiências... Não por coincidência, a vítima identificava-se totalmente com a descrição, pois não sabia que era seu currículo que estava na mão do contraventor. Depois de fisgada, a vítima era convidada a visitar a consultoria para a primeira entrevista presencial. Um funcionário da consultoria explicava os termos do contrato: "Apenas cobramos uma taxa de sucesso, equivalente ao seu primeiro salário caso você seja o profissional escolhido".

Ingenuamente as vítimas julgavam razoável tal proposição. O funcionário administrativo apresentava um contrato, no qual o cliente-vítima descobriria uma taxa administrativa, simbólica de inscrição no valor de aproximadamente R$1 mil que, em alguns casos, poderia ser paga com cartão de crédito parcelado. E era com essa taxa que todo o esquema sobrevivia e reinava, pois a tal vaga jamais aparecia.

Depois de múltiplas denúncias, essas empresas mudavam de nome e endereço, mas o esquema era forte e maléfico. Milhares de jovens e profissionais em transição embarcavam na armadilha sem fazer denúncia, pois além da vergonha de estarem desempregados, eram passados para trás fazendo papel de otários. Rubem sentia-se impotente diante daquele esquema covarde.

:

PERGUNTAS PARA REFLEXÃO

Utilize o espaço abaixo para registrar anotações pessoais.

P Para você que, como João, ainda não está trabalhando, elenque as habilidades desenvolvidas ao longo de seu curso. Descreva como as desenvolveu. Elas podem fortalecer seu currículo.

P Para você que está trabalhando: Você tem consciência que a cada dia você está escrevendo uma etapa de seu currículo? Será que você consegue fazer o "*link*" das realizações de hoje com o futuro desejado?

CAPÍTULO 14

Portas que se fecham
e janelas que se abrem

Finalmente, chegou dezembro. O ano de 2004 chegava ao fim!

A noite estava agradável na belíssima orla de Copacabana. A constante brisa no litoral enganava a verdadeira intensidade do calor carioca. O sol já tinha partido e a lua cheia nascia no céu. A praia estava toda em movimento: pessoas caminhavam no calçadão, jogavam vôlei, bebiam nos quiosques; outros esperavam o ônibus para voltar para casa, chegavam para festas, patinavam. Essa era a inconfundível característica da orla carioca: uma BMW último modelo e crianças pedindo trocados nos sinais, ambos ocupando o mesmo espaço diante de todos os olhos dessa cidade múltipla.

Chegou o grande dia da festa de formatura da turma de Administração da UERJ de 2004. A festa seria no magnífico Hotel JW Marriott, na Praia de Copacabana. A turma de formandos havia economizado ao longo de três anos para celebrar aquele tão sonhado momento, planejado em detalhes pela ala feminina da turma. O salão principal estava impecavelmente enfeitado, comes e bebes e DJ para animar a festa. Tudo a postos. A turma de formandos não era grande, dos sessenta que iniciaram o curso, apenas um pouco mais da metade conseguiu chegar ao fim, uma patologia que é praxe nas instituições de ensino brasileiras.

Uma grande movimentação de carros se amontoava na entrada principal. Formandos e familiares chegavam, a turma da *valet parking* corria de um lado para outro para estacionar os grandes carrões. Para qualquer observador estrangeiro, essa seria uma festa de uma renomada universidade particular, tendo por base os vestidos e carros que se apresentavam. Jamais entenderiam que se tratava de uma escola pública, controlada e subsidiada pelo governo, e dominada pela burguesia carioca.

Do pequeno grupo de amigos, Caio foi o primeiro a chegar, acompanhado da irmã, que morava fora do Rio de Janeiro. O restante da família não pode estar presente. A mãe programou uma pequena festa familiar no final de semana subsequente à colação de grau em sua cidade natal.

Caio estava impecável: o *smoking* que escolheu para a ocasião possuía lapela em seda e colete cinza; a camisa branca tinha três pregueados de cada lado; a calça preta com as laterais em seda caia elegantemente, acompanhando o casaco curto; o sapato era clássico. Caio não estava namorando. Na realidade, não conseguia namorar firme, era difícil manter relações muito duradouras. Sua única namorada era o trabalho.

Leleco, com a gravata já frouxa, e sua trupe chegaram em ritmo de festa. Parecia que tinham tomado todas. O pai dele, o Coronel Olívio, se mantinha muito sério. As tias comemoravam antecipadamente a formatura ao som de forró. Realmente, para muitos familiares e amigos, o fato de Leleco se formar era o evento do ano. Muitos duvidavam que fosse possível!

As mesas ao redor da pista de dança já estavam cheias. Garçons para lá e para cá, *red label* regando os copos. João e família apontaram na porta. João muito feliz, ainda que frustrado por não ter encontrado seu trabalho. Cerca de setenta por cento da turma já estava encaminhada e praticamente esse era o assunto entre eles. Um verdadeiro êxtase dos jovens que se sentiam no topo do mundo. *The champions!*

Como tudo na vida, de um lado estavam os constrangidos em dizer que não conseguiram garantir um trabalho. Nitidamente grupos que estavam separados por uma linha imaginária: uma ala constrangida em oferecer ajuda, simplesmente por não saber como ajudar, e outra com vergonha de receber ajuda, também sem saber como ser ajudado.

Quando João se encaminhou para mesa de Caio com a intenção de abraçá-lo, Leleco o pegou pela cintura e quase o jogou para o alto! Todos riram muito.

— E aí, *brother*? Tudo firme? — Leleco tinha a voz embargada.

— Tudo joia! E vocês? — João estava contente por estar junto dos amigos.

— Tudo ótimo! Finalmente livres das salas de aula, hein? — Caio tinha um sorriso enorme no rosto.

— Ah, cara, vamos sentir saudades! — Leleco estava emocionado.

— É, já pensei em fazer um MBA. O que acham? — Caio sempre sentia a necessidade de estar atualizando o conhecimento. E claro, contar para todos era melhor ainda.

— Primeiro eu preciso de um emprego! — João, depois de uma dose de uísque, teve coragem em encarar os fatos e contar aos amigos que ainda estava sem trabalhar.

— Ué, achei que você já tinha fechado com alguma empresa! — Caio não conseguia entender por que João estava "fora do mercado".

— Está quase lá, só mais um pouquinho. Por falar nisso, quero te apresentar para algumas pessoas hoje. *Networking, brother!* Esse é o caminho. — Leleco, muito parceiro, queria contribuir para que o amigo se encaminhasse.

— Cara, agradeço toda ajuda. Vamos nessa! — João se deixou levar.

Leleco levou João ao encontro de algumas pessoas.

— João, apresento meu tio Fernando, ele é gerente da Coisa Fina Comércio. — Leleco foi chamado por alguns conhecidos e deixou João com o tio sem continuar a apresentação.

A intenção de Leleco era que seu tio e João pudessem se conhecer para futura troca de informações profissionais. Poderia ser uma ótima oportunidade se João não se atrapalhasse todo. Eles se entreolharam e João iniciou uma conversa polida.

— O senhor está gostando da festa? — João percebeu o quanto é difícil iniciar uma conversa com uma pessoa completamente desconhecida. O som estava alto o suficiente para que todos tivessem que gritar para serem ouvidos.

— Meus ouvidos não são mais os mesmos. Formaturas hoje em dia são muito barulhentas. — Fernando fez graça.

— Ah, é! — João só conseguiu concordar com o tio de Leleco.

— Você já está trabalhando? — Fernando continuou tentando puxar conversa já que ambos estavam em pé e próximos. O clima começou a ficar incômodo.

— Não — João só conseguiu balbuciar uma palavra.

— Rapaz, já passei por este momento e posso dizer que mais do que nunca o mundo irá cobrar o que você não aprendeu nestes anos de faculdade — disse Fernando, reforçando o sentimento de derrota que João já sentia.

— Senhor, estão me chamando ali. — João sentiu pressa em se distanciar.

Ao fugir da mesa onde uma parte da família de Leleco estava, João sem perceber se encaminhou para porta de entrada e a visão que chegou a sua retina foi a entrada de Cláudia em um vestido de tafetá azul cobalto, com decote em V, colado ao corpo. Quando se movia, a perna se desnudava até o meio da coxa. João estacou no chão como uma pedra fincada no solo. Por sorte, Leleco apareceu ao seu lado e disse:

— *Brother*, Claudinha arrebentou! Que gatona, hein? Ah, se não fosse minha amiga, ela iria conhecer o apartamento do Leleco! — A brincadeira de Leleco não chegou aos ouvidos de João. Estava paralisado. Não só pela beleza que já conhecia tão bem, sua imobilidade também era causada por causa do sujeito que estava de mãos dadas com ela.

— Ela trouxe um valete. Será que está namorando esse cara? Não contou nada para mim. Contou para vocês? — Caio também se chegou e perguntou curioso.

— Não estou sabendo de nada — pronunciou Leleco.

— Também... não — João balbuciou.

— Olá, meus queridos! — Cláudia abraçou e beijou os amigos de longa data.

— Esse é o Pepeu. — Cláudia não ofereceu predicado para quem era Pepeu.

João ficou tão decepcionado que quase não conseguiu disfarçar. Seu corpo estava rígido e as mãos transpiravam, as pernas não queriam sair do lugar. O rosto estava franzido e sombrio. Pela primeira vez Leleco percebeu algo estranho, quase podia sentir a intensidade da emoção de João. A energia estava muito estranha. Cláudia foi para a mesa com a mãe e com os dois irmãos mais velhos. Leleco pegou um copo de uísque na bandeja e ofereceu para o amigo, que o engoliu de uma só vez. Leleco definitivamente se convenceu de que algo estava acontecendo.

Neste momento, a música começou a tocar mais alto e todos os amigos se encaminharam para o salão. Leleco dançou em um estilo muito louco de Bali, parecia mais que estava recebendo choques que corriam por todo o seu corpo. Era divertido de ver. No meio da confusão, uma garota se aproximou de João: Lia era prima de Ronaldo, que também fazia parte da turma daquele ano. Depois de alguns sorrisos e olhares, eles começaram a dançar. Lia era muito feminina e insinuante. João a chamou para tomar um *drink*, para ele este seria o quarto copo de uísque. A coragem tomou conta do seu ser e o fez segurar a mão de Lia para irem em direção a uma varanda próxima onde poderiam estar a sós. Ali se beijaram pela primeira vez. Quando os lábios se tocaram, João quase deu um salto para trás, seu coração sabia que aquela não era a mulher com quem queria estar, e imediatamente sua mente trouxe a imagem de Cláudia e o tal de Pepeu entrando juntos no baile. Isso lhe trouxe uma mistura de raiva e vingança. João puxou Lia para si e a agarrou com firmeza, aproximando-os de maneira em que ambos podiam sentir cada pedaço de corpo um do outro. Lia se entregou aos avanços de João, que se sentia impelido a ir ao seu encontro sem reservas. As mãos de ambos se moviam curiosas, as respirações estavam ofegantes. Por um momento não se lembraram de onde estavam, e se não fosse a algazarra dos formandos no salão, teriam se tocado com maior intimidade. João se desgrudou de Lia, com o ar dos pulmões descontrolado, respirando profundamente algumas vezes para tentar se recompor para que pudessem retornar ao salão principal sem constrangimento.

Caio presenciou a cena de João levando Lia para fora e logo foi procurar Leleco.

— Leleco, João está perdendo a virgindade — provocou Caio. Leleco ficou superfeliz e fez um brinde com Caio em homenagem ao amigo.

Cláudia estava na pista com Pepeu quando João e Lia retornaram para o salão de dança. Ela viu que Lia puxava João em direção à pista com bastante intimidade, parando repentinamente de dançar quando viu essa cena. Leleco acompanhou tudo e o primeiro pensamento foi: "Aí tem rock!".

Cláudia puxou Pepeu para a mesa e se sentou tentando disfarçar a expressão séria. Em seguida, como pretexto, disse que queria falar com Caio e levantou-se impaciente a procura dele. Tomou a direção da mesa onde tinha visto ele e a irmã, mas ele não estava por lá.

Do ângulo que estava podia observar João e Lia juntos sem ser percebida. Não entendeu muito bem por que estava tão incomodada ao assistir aquela cena. Ela e João eram apenas bons amigos, então, por que sentiu aquele incômodo? Parecia que estava com ciúme.

Talvez a razão fosse a beleza de Lia, ela era uma garota de pele clara, olhos pretos e cabelo curtinho, irradiava alegria com sorrisos colados no rosto o tempo inteiro que dançava com João. Cláudia queria saber que tanta alegria era aquela, teve vontade de voar no pescoço da garota e saber de João o porquê de tanta empolgação. Ficou chocada ao ver as mãos de João deslizarem sobre a bunda de Lia e ao mesmo tempo não conseguia entender o motivo que a levava ter tamanha confusão de sentimentos e emoções. Até então, não teve interesse algum em se envolver com seu melhor amigo.

A festa durou até altas horas. Todos sobreviveram. O dia seguinte foi de ressaca. João acordou à uma hora da tarde na sala de casa, a dor de cabeça era infernal. Domingo ensolarado e ele naquele estado desolador. Ao tentar levantar-se só conseguiu pensar que um ônibus havia passado por cima dele, para logo em seguida surgir a pergunta: "quem era aquele babaca que estava com a Cláudia?"

Toda vez que Cláudia aparecia com um novo "ficante", seu humor se transformava. As mãos e as têmporas começavam a suar, o coração batia mais forte e o rosto se fechava. Por mais que tentasse se controlar, pequenos gestos poderiam entregá-lo para uma pessoa com olhar atento. Sentia que a tristeza o dominava, a vontade era atravessar o namorado de Cláudia com um soco certeiro. A dor de cotovelo o consumia — não conseguia se alimentar, dormir ou raciocinar direito. Até aquele momento, João não havia se lembrado de Lia.

Decidiu dar um pulo até a praia para se desintoxicar do álcool. Tomou muita água de coco e ficou o restante da tarde estirado na areia, pensando alternadamente em Lia e Cláudia. Por uma um sentimento de raiva e por outra uma imensa vontade de transar. Sua cabeça estava a mil.

Já a noitinha, quando chegou em casa seu celular tocou, era Cláudia.

"Atendo ou não?", João perguntou-se já dizendo:

— Oi, Cláudia. — O tom de voz era baixo.

— Oi, João. Pode falar? — Cláudia perguntou mais baixo.

— É claro. — João percebeu que algo estava diferente.

— Gostou da festa? Notei que você se divertiu muito. — Cláudia tentou começar a conversa de forma amigável.

— Para falar a verdade, lembro de pouca coisa, mas do que me lembro, foi bom. — João foi sincero na resposta, mas já tentando se livrar do protagonismo em sua atitude.

— Legal. Você é danado, hein? Está com namorada nova e nem me contou. — Cláudia tentou parecer neutra.

— Quem? Ah, a Lia? Não. Ela não é minha namorada. Só ficamos juntos. Você também não falou que estava de namorado novo. — João achou estranha a insinuação e deu uma cutucada.

— É... Conheci Pepeu há um mês. Ele é legal — contou, sem muita empolgação.

— Achei o cara simpático. Parece que ele não fala muito, né? — João mentiu ao elogiar o pseudonamorado dela, mas definitivamente achando o cara um idiota.

— Ele é tímido — declarou Cláudia.

— Este não é o tipo de cara que você parece gostar. — João conhecia Cláudia muito bem e decidiu partir para cima.

— Que nada, querido!

Cláudia foi evasiva e logo mudou de assunto:

— Bom, liguei apenas para saber como você está. Amanhã tenho que acordar super cedo. Tenho que me preparar para uma reunião com o chefe. Beijos. — Preferiu fugir da conversa.

— Ok, tchau! Beijos. — João, agora estava mais deprimido, pois além de pensar que Cláudia começara um novo relacionamento, todos teriam algo a fazer na segunda-feira e ele não.

Estava decido a recorrer ao eterno mestre Frank.

:

PERGUNTAS PARA REFLEXÃO

Utilize o espaço abaixo para registrar anotações pessoais.

P O desenvolvimento do *networking* pode ser muito difícil para algumas pessoas que estão sem trabalho. Às vezes, temos a pressão de buscar ampliar nossas relações e não perder oportunidades, como aconteceu com João durante a festa. De certa forma, todos ao nosso redor querem ajudar, mas na grande maioria das vezes não sabem como. Isso significa que precisamos ajudar nosso interlocutor a nos ajudar! Parece estranho, não? Mas é assim mesmo. No caso de João, ele deveria pedir um telefone de seu interlocutor e combinar uma conversa em outro momento e não ficar ansioso em resolver tudo naquele instante.

Você cuida em ampliar sua rede de relacionamento? Como você lida com um interlocutor que busca uma oportunidade de trabalho? Como você pode conduzir seu interlocutor a compreender como ajudá-lo de forma efetiva?

CAPÍTULO 15

Uma questão de significado

De certa forma, a insegurança que João tinha em relação à Cláudia também aparecia na sua vida profissional. Eram diferentes versões de uma mesma questão.

João sentia-se deprimido com as perspectivas em torno de sua carreira profissional. Sabia que precisava agir, mostrar-se capaz de conseguir algo e ser reconhecido em seu grupo de referência ou correria o risco de ficar para trás nessa situação de inércia enquanto os amigos cresciam na área profissional.

A angústia atormentava seu dia a dia, sentia um abafamento interno, parecia que sua vontade era colocada em xeque constantemente, queria acreditar que era dono do próprio destino, que conseguiria realizar tudo o que queria. Talvez fosse esse o motivo que o enchia de medo. Começou a ter constantes tonturas e dores de cabeça. A incerteza passou a ser sua companheira e todo olhar, seja da família ou amigos, ele entendia como se fosse um olhar de cobrança.

Seus interesses gerais eram diferentes em relação aos dos amigos. Em muitos momentos pensava em estar à frente, no comando de seu próprio negócio, sem chefia, ordens, políticas e tudo que implica o modelo de trabalho tradicional. Não concordava com o perfil que as pessoas desenvolviam em empresas corporativas, todos estavam sempre muito agitados e em constante pressão. Uma pressão sem sentido em sua visão, sem a clara identificação da real necessidade ou razão, deixando todos sem tempo para pensar em novas possibilidades. Em seu íntimo, ele percebia que a maioria das pessoas estava envolvida em trabalhos que exigiam precipitação na tomada de decisões, obrigações injustificadas, repreensões desnecessária.

João aprendeu que cada empresa tinha uma rede de interconexões própria, cada qual com a própria missão, visão e valores. E compreendeu, com ajuda do professor Frank, que muitas corporações, por vezes, não conseguiam difundir a promessa de sua marca para seu público interno, e acabava que as necessidades não satisfeitas, inseguranças e crenças limitantes do coletivo prevaleciam, criando uma cultura indesejada. Em algumas empresas que observou, via claramente que a alta administração ou o dono, bem-intencionados, acreditavam que simplesmente criar uma nova missão e pintar as paredes bastavam para começar a mudar a cultura da empresa. As pessoas não conseguiam enxergar que a empresa é um coletivo humano, com características e comportamentos próprios, oriundos das pessoas, que sentem, carecem, aspiram, sonham, sofrem etc., coisa de seres em constante evolução.

Por tudo que já havia estudado, João entendia que a cultura organizacional era a interseção entre valores, hábitos e crenças estabelecidos e percebidos por meio de atitudes, comportamentos, expectativas e valores compartilhados por todos os membros da empresa. Praticamente era o modo de pensar e agir de uma organização, principalmente de seus líderes.

Apesar de compreender teoricamente a dinâmica do mundo do trabalho nas empresas tradicionais, João não fazia ideia de como deveria ser sua busca como protagonista, sem ficar somente respondendo aos anúncios. Não sabia por onde começar. Todos ao seu redor

UMA QUESTÃO DE SIGNIFICADO

diziam que precisava ampliar seus contatos, mas que pessoas deveria procurar? Para falar sobre o quê? O que pedir? Será que deveria pedir? Como abordaria essas pessoas? Com o que essas pessoas poderiam contribuir? Ele mesmo não sabia o que queria. Como seria conversar sobre algo que ainda não sabia o que era?

A única certeza que tinha era que estava completamente perdido e precisava de orientação, não tinha noção por onde começar. Voltando a pensar numa carreira independente, dirigindo seu próprio negócio, logo se indagava sobre a grana para investir. Procuraria um banco para pedir um empréstimo? Qual seria o valor? Empréstimo para quê? Encontraria um sócio? Esse sócio deveria ter características pessoais e profissionais parecidas com as dele? Como seria o nome da empresa? E a área? Prestação de serviço ao meio ambiente ou educação?

João estava aflito. O que fazer com a própria vida? Tinha medo de aceitar qualquer trabalho só porque precisava pagar contas. E os quatro anos de estudos em Administração? Onde se encaixavam nesta confusão toda?

Sentia que precisava de consolo, conversar com alguém que pudesse indicar um caminho ou, pelo menos, o fizesse perceber que não havia perdido tempo nem dinheiro com os estudos. Afinal, para que estudar tanto e ainda assim se sentir tão despreparado para o mundo do trabalho?

Em sua doce ilusão, João considerava que ingressar no mercado de trabalho era uma recompensa por todo comprometimento que vivenciou com a vida acadêmica. O trabalho seria um prêmio e lhe garantiria uma vida feliz, conhecimento contínuo, possibilidade de ter tudo o que queria. Ele conhecia algumas pessoas que associavam trabalho a satisfação pessoal e que estavam contribuindo para um mundo melhor. Mas João não conseguia entender dessa maneira, se via entre a obediência, o senso do dever e as próprias necessidades básicas.

Ele não conseguia explicar porque se sentia um peixe fora da água. O mercado exigia nova mentalidade e práticas dos líderes, como cooperação, agilidade, senso tecnológico e horários flexíveis, menos burocracia e mais resultados. Nesse contexto, cada vez mais, seus pensamentos o levavam a querer ser responsável pelo o que iria realizar como profissional. Essa visão implicava em traçar objetivos que não dependiam da organização, mas apenas de si mesmo. Alcançar determinado cargo em determinada empresa não atraía João. Na realidade, João definira muito bem o que não queria. A questão era saber o que efetivamente queria realizar como profissional.

Mas como lidar com tamanha insegurança? Por onde começar? Começar o quê? O crescimento profissional estava vinculado a quê? Será que conhecimento e formação eram suficientes para que fosse valorizado no mercado? Como transformar capacidade em oportunidade de trabalho? Qual era o significado do trabalho na vida do ser humano, afinal?

João entendia que não conseguiria encontrar respostas para todos esses questionamentos sozinho. Procurou o professor Frank para que o ajudasse a pensar sobre suas dúvidas e, a partir daí, quais eram seus medos reais.

Chegando na faculdade, João encontrou o velho mestre Frank em sala de aula, sempre com aquele olhar questionador e semblante pacífico. Parecia que gostava de estar na frente daqueles seres humanos, indefesos e insatisfeitos, em sua maioria, dispersos e de comportamento distraído.

João pediu licença e sentou-se na última cadeira, próximo a parede do fundo, a tempo de ouvir um aluno perguntando se as regras do jogo no mundo corporativo haviam mudado realmente ou se tudo permanecia o mesmo apenas com uma nova maquiagem. O professor suspirou e defendeu que atualmente o profissional não poderia ter receio de ser diferente e ser livre pra criar, inovar. Havia a necessidade de compreender qual era o atual jogo que o mercado de trabalho

UMA QUESTÃO DE SIGNIFICADO

estava seguindo. Era importante entender que várias transformações históricas a respeito do que é o trabalho haviam se passado até então. A atual Era do Conhecimento pedia que, no mínimo, o profissional soubesse a respeito do negócio da empresa, qual o tipo de contribuição que ele poderia dar e que impacto teria sobre os resultados esperados.

Ao ouvir a reposta do professor Frank, João entendeu que teria muito para conversar com ele. Depois da aula, cumprimentaram-se e João acompanhou o mestre até sua sala. Ao tomarem um rápido café, falando sobre amenidades, João deu início ao inevitável interrogatório que o professor estava acostumado.

— Professor, o que me traz aqui hoje é que não sei como fazer para dar início a minha vida profissional. — João estava entregue, aberto e desarmado.

— Muito bem. Conte-me: o que foi que você fez até agora neste sentido, João? — O professor perguntou a queima-roupa.

— Como assim, professor? Estudei durante anos. Consegui me formar. Fui estagiário e quando pensei que seria efetivado fui desligado porque a empresa precisou diminuir custos. Participei de seis processos seletivos e não fui o candidato escolhido em nenhum. Desde então, sinto-me desmotivado a buscar um lugar no mundo do trabalho. Não consigo saber o que quero. Pensei em muitas possibilidades, mas não consigo decidir por uma. — João parecia se defender de algum tipo de acusação que poderia condená-lo há anos de prisão. Quase podia ver a mãe, os parentes, os amigos, a sociedade julgando-o como se ele não quisesse mudar a situação em que se encontrava.

— Meu querido, o que você fez até então é muito importante, claro, contribuiu para que chegasse até aqui. Tudo bem. Vou reformular minha questão: o que você está fazendo para dar sentido a sua existência? Como a sua escolha profissional contribuirá para que sua vida, a das pessoas próximas e a sociedade, sejam prósperas e sustentáveis?

João congelou por dentro com a questão que o professor levantou. Ele percebeu que pensava de maneira muito restrita a respeito da própria vida. Imaginou que era só se empregar em um lugar onde fosse possível subir de cargos até atingir um patamar que não precisasse se preocupar em como pagar as próprias contas no fim do mês.

O significado de trabalho que o professor estava apresentando para João era completamente diferente do que aprendeu coloquialmente ao longo da vida. O que estava sendo exposto naquela conversa era muito mais que ir de casa para o trabalho e do trabalho para casa, era considerar qual o papel que cada indivíduo tem como provedor de uma parceria com outros indivíduos e com a sociedade.

— Professor, não estava preparado para ouvir e muito menos para responder a esse tipo de pergunta — respondeu com sinceridade.

— Então, João, creio que seria melhor e mais produtivo você refletir a respeito antes de continuarmos nossa conversa. — Professor Frank foi claro.

Apesar da vontade de dar respostas, o professor sabia que, para serem efetivas, elas deveriam brotar de dentro para fora de João.

João saiu da universidade confabulando consigo mesmo.

"Que diferença quero fazer neste mundo?", refletiu João a caminho de casa.

:

PERGUNTAS PARA REFLEXÃO
Utilize o espaço abaixo para registrar anotações pessoais.

P Qual a diferença que você quer fazer? Como você poderia contribuir com a evolução das pessoas ao seu redor? Como você vê significado em seu trabalho?

P Quais são as coisas que você faz e que trazem satisfação? Observe que essa satisfação vem do outro, que o observa numa relação de interdependência. Compreenda que não somente grandes coisas impactam seu contexto. Nesse caso, um grão de areia faz a diferença no oceano.

CAPÍTULO 16

A verdade sempre brota

O centro da cidade do Rio de Janeiro estava insuportável naquele dia de verão. A poeira grudava no rosto e no corpo suados de Cláudia, fora do escritório climatizado. Ela usava um vestido preto justo ao corpo e sem mangas, o cabelo preso em um coque impecável. Estava a caminho de um restaurante especializado em comida orgânica, gostava de variar o cardápio e sempre manter-se saudável.

Ao entrar no estabelecimento teve a grata surpresa de encontrar com Caio. Muito elegante em um terno azul marinho e camisa branca, sua gravata estava desatada, conferindo-lhe um ar descontraído e jovial. Ambos se sentiram contentes com o encontro casual.

— Querido Caio, como você está? — Cláudia abriu seu melhor sorriso. Gostava de Caio. Na verdade, tinha muita admiração pelo amigo, ele não era uma pessoa de fácil convivência, mas ela gostava da maneira como ele encarava as diversidades da vida.

— Cláudia, há quanto tempo! Você sempre muito elegante e bonita. — Gostava de ser galanteador com as mulheres. Sabia que Cláudia não tinha interesse por ele como homem, mas era esperto para saber que toda mulher gosta de galanteios e homens inteligentes.

— Você, como sempre, muito gentil. — Cláudia mexeu nos óculos e ajeitou o vestido.

Escolheram uma mesa mais reservada, pois ambos sabiam que tinham muito para conversar apesar do tempo restrito de almoço.

— Conte o que tem feito da vida, Caio — perguntou Cláudia antes mesmo de sentarem-se.

— Quem faz esta pergunta sou eu, querida. Como está seu trabalho? E o amor? — preferindo que Cláudia fosse a primeira a falar a respeito da vida.

— Ok. Vamos começar pelo amor: terminei o namoro. — Cláudia passou um misto de sentimentos de alívio e tristeza.

— Mas o que foi dessa vez? — Caio foi enfático, pois tinha conhecimento de muitos namoros da amiga que não continuavam.

— Ah, Caio, dessa vez e das outras vezes: o problema sou eu. Não quero um homem ao meu lado só de enfeite. As relações sempre começam muito bem, basta que se peça um pouco mais de atenção e atitude e tudo se esvai. Será que sou muito exigente? — disse com os olhos já úmidos.

— Sinceramente? As relações a dois hoje estão muito mais racionais do que emocionais. Estar juntos na saúde e na doença é pouco. Tem dias que sentimos saudade de outras pessoas e de estar juntos delas, de viver mais intensamente. Tem noite que rola um tédio danado... — Caio parecia estar falando para si mesmo.

— É verdade. Parece que o amor é bobeira da época de juventude — Cláudia embarcou nas reflexões de Caio.

— As juras formais perderam o real significado. Quando os casais estão juntos por questões de perda e ganho ou a relação chegou ao fim ou é uma oportunidade para um recomeço. — Caio parecia decepcionado com as relações que já havia vivenciado.

O silêncio foi companheiro de ambos por alguns instantes. Cláudia parecia recordar o que acontecia nos relacionamentos em que se envolvia. Caio olhava para o prato fixamente tentando encontrar respostas.

A VERDADE SEMPRE BROTA

— Tudo isso me faz lembrar o João, sabe Caio? — participou para Caio o que vinha pensando há algum tempo.

— Verdade, Cláudia? — Caio tinha percebido recentemente que os amigos tinham pendências entre si.

— Ah, nem sei se o que vou dizer faz sentido. Talvez seja uma grande asneira — disse, já arrependida de ter começado aquele assunto.

— Coragem, Cláudia. Diga-me, o que você está pensando? — Caio incentivou a amiga a colocar para fora o que tentava manter consigo mesma.

— Bom, você sabe que todos nós começamos... — Cláudia não sabia por onde começar.

— Querida, simplifique. Não faça rodeios. Somos amigos, seja direta. Não é o João que está na sua frente. — Caio queria que Cláudia se sentisse à vontade para desabafar.

Novamente os olhos de Cláudia marejaram. Afastou-se um pouco da mesa e cruzou os braços, numa atitude de recusa de contar o que lhe acontecia internamente. Em seguida, suspirou e se aproximou apoiando as mãos nas laterais da mesa. Quase num sussurro confessou para Caio:

— Caio, algo me faz acreditar que eu sempre senti algo diferente pelo João e nunca quis perceber. — E bebeu o suco de mamão com laranja com a intenção de engolir o que parecia estar entalado na garganta.

— Jura? Até que o Leleco havia levantado isso e eu não quis acreditar. Faz sentido! Quando você contará isso para ele? — Caio inquiriu a amiga, já imaginando que João se sentiria nas nuvens ao ouvir essas palavras dela.

— Eu? Como assim? Não existe a menor possibilidade... Você... acha que devo falar com João? — Sentia seu coração muito próximo da garganta.

— Você acabou de dizer que o João poderia ser "o cara" para você e não vai contar nada disso a ele? — questionou-a, incrédulo com o medo que ela tinha de declarar seu interesse pelo amigo.

— Qual será a reação dele? Passamos tanto tempo juntos: quatro anos e nada aconteceu. O que será que ele vai pensar sobre isso? — Cláudia sentia as mãos frias.

— Cláudia, eu não faço a menor ideia do que o João vai pensar. Mas imagine que pode existir a possibilidade dele também ter a mesma sensação que a sua. Além do mais, você é uma mulher corajosa, linda e independente. — Caio se dividia entre não se meter na situação e estimular Cláudia a seguir em frente.

O silêncio tomou conta da mesa novamente. Os pensamentos de Cláudia corriam pela mente como raios em dia de tempestade. Nunca havia passado por sua mente que João poderia pensar o mesmo. Mas, se assim o fosse, por que ele não demonstrou para ela? Uma leve dor de cabeça despontou.

— Caio, vou pensar com carinho no que você disse. Mas, por favor, vamos mudar de assunto? Queria te pedir segredo nisso tudo que falamos. Posso confiar? Começo a sentir dor de cabeça e não posso voltar para o trabalho com cara de quem está prestes a ter um colapso nervoso. Que tal falarmos sobre nossos trabalhos? — Cláudia decidiu fugir daquela emoção que parecia existir desde sempre dentro dela. Ela era craque em reprimir emoções.

— Tudo bem, Cláudia. A vida é sua e não quero me intrometer. Prometo guardar segredo. Ainda assim...

Mas a amiga não deixou que ele continuasse a frase, sinalizando com a mão que aquele assunto estava encerrado naquele momento.

— Caio, conta como está seu trabalho. Conseguiu se acostumar com aquelas questões que te incomodavam? — Ratificando seu pedido, mudou de assunto imediatamente.

— Ok, ok. Vamos falar de trabalho — concordou em aceitar o pedido da amiga. Considerou que era melhor assim. Talvez ele estragasse tudo falando algo que não devia. Afinal, ele só tinha desconfiança de que João gostava de Cláudia, mais do que queria demonstrar para todos e para ela.

A VERDADE SEMPRE BROTA

— Alguns impasses ainda se fazem presentes. Creio que consegui me acostumar com o tipo de cultura da empresa — disse sem revelar o que tinha acontecido com ele até então.

— Ah, Caio, pois eu estou encantada com tudo. Meu chefe é um doce comigo. — Cláudia sorria radiante.

— Que bom, querida. Estou curioso, seu chefe é desse jeito com todos na empresa? — perguntou com tom desconfiado.

— Bem, penso que sim. Quer dizer, não reparei nisso. — Cláudia ficou intrigada com a pergunta de Caio e prometeu a si mesma que iria notar como o chefe tratava as outras pessoas.

Ambos olharam no relógio ao mesmo tempo e riram. O tempo tinha se esgotado. Precisavam correr para continuar com a lida.

Caio, no percurso para o trabalho, buscou o número de João no celular. Mas desistiu de falar. Enviou um SMS: "Fala, John! Tem gatinha miando pelo seu carinho, fique atento. Abraços e saudades, Caio".

:

PERGUNTAS PARA REFLEXÃO

Utilize o espaço abaixo para registrar anotações pessoais.

P Sem querer entrar numa esfera íntima e pessoal de forma superficial, mas procurando focar apenas na carreira profissional, será que você vem reprimindo algum sentimento ou desejo que poderia mudar seus rumos?

Liberte-se para refletir!

CAPÍTULO 17

Todos queriam ajudar, mas não sabiam como

João sabia que a quantidade de restaurantes, botecos e biroscas existentes no Rio de Janeiro eram surpreendentes. Estabelecimentos para todos os gostos, bolsos, estilos diversos, mas sempre escolhia tomar chope em um barzinho próximo a sua casa, onde todos se conheciam. Ele achava que lá serviam a melhor carne seca desfiada da cidade, sem contar o chope estupidamente gelado, sem colarinho, como ele gostava.

Leleco chegou ao botequim com sua usual descontração e sorriso. Os donos também já o conheciam, era frequentador antigo. João e Leleco gostavam de se reunir com outros colegas de faculdade depois das provas ou apresentações de trabalhos. Ali também tomavam a saideira depois de jogos importantes do Flamengo ou da Seleção Brasileira. Era o local para celebração e descontração. Só que, naquele dia, tudo indicava que seria um momento de reflexão e apreensão.

João já estava sentado à mesa próxima ao balcão quando Leleco adentrou no recinto e rapidamente sentou-se ao lado de João. O único garçom da casa, Torrão, sempre guardava a mesa cativa para ele. Leleco iniciou a conversa.

— *Brother*, este lugar continua o mesmo há anos e não consigo deixar de frequentar essa pocilga. O que será que nos atrai tanto para cá? — Leleco acenou para Torrão e pediu dois chopes estupidamente gelados.

— Pô, Leleco, esse seu comentário foi ótimo: o que faz com que uma birosca como essa se mantenha aberta por tantos anos e nos atraia tanto? Qual o diferencial que ele tem? A comida? O chope? O Torrão? A localização perto de casa? Tudo isso junto? Não sei, *brother*. — João estava em um momento de análises graças à conversa com professor Frank.

— Cara, sinto que nossa conversa vai ser longa. O que está pegando, *brow*? — Leleco sentiu que João estava precisando de uma conversa franca e sentia que precisava ajudar. Como amigo, tinha o dever de ajudar. No fundo, Leleco não tinha ideia do quanto estava pressionado em sua consciência por sentir-se impotente diante do amigo.

— A verdade é que preciso definir o que quero fazer da minha vida e não tenho ideia por onde começo. Qual era o primeiro passo? Conversei com o professor Frank e antes dele com um consultor da área de transição de carreira — João falava com pausas. Parecia que a mente divagava a respeito dos assuntos abordados nos encontros que teve.

Leleco tomou o primeiro gole do chope com vontade:

— E aí? Você chegou a alguma conclusão?

João sentiu enorme vontade de rir com a pergunta do amigo: "Como um cara que sempre foi tão desligado e bonachão me faz uma pergunta tão acertada nesse boteco depois de quase tomar o copo inteiro de chope?" E respondeu:

— Algumas coisas ficaram mais claras e outras continuam turvas.

Até aquele momento, João não tinha chegado à conclusão alguma, os *insights* que surgiam eram muito embrionários e desconexos. A conversa com o professor o fez pensar que tipo de projeto ele poderia desenvolver e ao mesmo tempo como poderia contribuir com a vida das pessoas de maneira que fizesse diferença no dia a dia delas.

TODOS QUERIAM AJUDAR, MAS NÃO SABIAM COMO

Tinha o sonho de juntar pessoas, de derrubar as barreiras da comunicação e conexão entre elas. É como se pudesse fazer com que todo o mundo falasse um único idioma! Mas o que poderia ser, exatamente, ainda era uma utopia para ele.

— Leleco, quero muito trabalhar, além de precisar, claro. As contas continuam chegando lá em casa. — João não queria parecer desesperado, mas também estava preocupado com o fato de ainda não ter condições de gerar o próprio sustento e ajudar a mãe com as despesas domésticas.

— Irmão, tem uma vaga na empresa. Você está interessado? Não é na área que estudamos, mas pode ser... — Leleco continuou falando, mas João não prestou muita atenção.

João percebeu que Leleco estava preocupado com a situação dele e ansioso em resolver a questão, sem se dar conta que não era uma vaga em uma empresa o que João precisava. As conversas com o consultor e com o professor provocaram *insights* em João a respeito de como ele poderia fazer a diferença na vida das pessoas. E a perspectiva de trabalhar em uma empresa o deixava com a sensação de impotência diante da vida, parecia pouco, algo sem significado. Tinha a impressão de que mesmo se alcançasse cargos altos teria de se submeter a regras impostas pelo sistema corporativo ou público, deixando de ser protagonista da própria vida. Muitas vezes se penitenciava por achar que era muito idealista e se questionava se estava sendo mais real que o rei.

Os projetos que João imaginava ainda eram desconexos. Pensou em várias possibilidades, desde ser dono do próprio negócio ou representar uma franquia de uma marca famosa até trabalhar com serviços, inserção social... Não tinha nada fechado. Gostava de refletir e sonhar com o futuro, mas o tempo urgia no presente.

— Cara, onde você está? Estou falando contigo e parece que você está em outro planeta. — Leleco estalou os dedos na frente de João, que voltou à realidade.

— Amigo, perdoe, não estava prestando atenção. — João se sentiu culpado por não ter ouvido o que Leleco dizia.

— Você está muito estranho ultimamente. — Leleco foi taxativo com João.

— Você está certo. Não estou no meu normal. São muitas dúvidas e parece que estou em um círculo, sinto que passo pelo mesmo lugar sem encontrar um caminho alternativo.

Leleco se solidarizou e, sem muitas firulas, retomou a conversa sobre a vaga na empresa dele. Não percebeu que João só queria ser ouvido, queria colocar pra fora as elucubrações que lhe atingiam diariamente. Olhou ao redor e com tanta agitação no local, notou que seria impossível estabelecer qualquer tipo de conversa inteligível. Leleco já estava no quarto chope e ansioso em resolver o problema.

"Se meu próprio amigo não me entende como uma entrevistadora poderia", João se perguntou.

João se lembrou da conversa com o consultor sobre o quanto todos genuinamente tentariam ajudar, porém sem saber como, desconsiderando os seus desejos e condições. Era exatamente o que estava acontecendo naquele momento com Leleco. As pessoas ao seu redor, seus amigos, não sabiam como ajudá-lo porque ele não era capaz de explicitar de que forma e como queria ajuda. Alguns colegas pediram o currículo dele, sentiam-se bem em pedir, pois, de certa forma, acreditavam que estavam resolvendo a questão com as próprias consciências. Todavia, guardavam o currículo no *hard disk* dos computadores, sem saber para onde enviar. João, ingenuamente, se sentia ajudado e ficava esperando essa tal ajuda vir, algum contato, oportunidade ou telefonema que nunca chegava.

Veio também a sua mente aqueles que se afastavam por não saber o que fazer. Sentiam um enorme constrangimento em não saber como ajudar que acabavam virando as costas para não ter contato com aquela frustração.

O consultor o orientou a "gerenciar o constrangimento e ansiedade dos interlocutores", o que João achou curioso e injusto, pois era ele quem estava com dúvidas e estava precisando de ajuda. "Tenho que resolver minha situação e ainda gerir meus amigos?", relembrou de sua colocação infantil durante a conversa com o consultor.

— *Brother*, me escuta! — João levantou a voz e as mãos pedindo o contato de olho no olho com Leleco.

— Quero que você relaxe, Leleco. — Agora menos incisivo no olhar, João respirou fundo e buscou energia para tentar ser didático com Leleco. — Não precisa me arrumar um emprego ou uma vaga. Minha questão não é um emprego, mas sim o trabalho certo. É que, no fundo, eu não sei se é um emprego ou algo alternativo ou diferente. A única coisa que sei é o que não quero. Você é meu amigo e não precisa ficar querendo me ajudar. Só quero você como amigo. E quando eu descobrir como você pode me ajudar, eu te pedirei com o maior privilégio — concluiu suspirando, sentindo que conseguiu falar o que era preciso para reverter a situação e assumir a gestão da própria vida.

Leleco ficou atônito por alguns segundos antes de pronunciar alguma palavra.

— Acho que entendi, mas eu só quis ajudar, *brother*! Não quis te pressionar — justificou-se com faróis baixos.

— Relaxa amigo. Eu ainda não sei como você vai me ajudar. Hoje, só em me escutar, você já ajudou muito — falou João de forma mais relaxada, dando uma golada no chope, feliz por ter conseguido materializar o que escutou do consultor. De certa forma, orgulhoso de si mesmo.

Ao chegar em casa, João publicou no Orkut uma foto de Leleco virando um copo de chope, com a legenda "juntar gente sem fronteiras".

:

PERGUNTAS PARA REFLEXÃO

Utilize o espaço abaixo para registrar anotações pessoais.

P Em várias situações da vida tentamos passar para nossos interlocutores o que queremos, onde e quando queremos chegar. De certa forma, não conseguimos transmitir como eles poderiam nos apoiar. Normalmente, eles respondem da forma que visualizam a situação, nem sempre sendo efetivos. Quando isso acontece, o "como" faz total diferença!

Você já experimentou isso? Caso sim, como a situação se materializou? O que você faria diferente para ser mais efetivo? Caso não, o que, de forma consciente, você poderia fazer para ampliar suas chances junto ao seu *network*, interno ou externo?

CAPÍTULO 18

Pit stop, todos precisamos

O trabalho de Caio tomava todo o tempo que ele teria disponível para sair com a namorada, encontrar os amigos, passear com a família e dedicar-se aos prazeres comuns — cinema, teatro, praia nos fins de semana. Parecia que as vinte e quatro horas não existiam mais na vida dele.

Caio acreditava que no início seria dessa maneira, mas a cada dia percebia o quanto o trabalho exigia dele e, consequentemente, das pessoas que faziam parte da sua vida. Não conseguia ler um livro, pois caía no sono; acordar estava se tornando um tormento, parecia que o edredom o acompanhava às costas no caminho para o trabalho.

Certo dia, sentindo-se obrigado a chegar mais cedo ao escritório, deu de cara com o velho professor Frank sentado à recepção. Seu primeiro pensamento é que estava ali para falar com ele. Quando o professor o viu, seu olhar foi de surpresa. Caio, então, percebeu que o motivo era outro.

— Mestre, que prazer vê-lo aqui! — Caio foi carinhoso com o ex--professor.

— Olá, Caio! Percebo pela logomarca na sua lapela que você faz parte desta empresa. — O professor brincou com Caio.

— Estou aqui há uns dois anos, mestre. O senhor já foi atendido? Posso ajudar? — Caio sentia muito carinho pelo antigo professor. Ficou curioso em saber o que e com quem o velho mestre estaria falando na empresa. "O que será que o trouxe aqui?", perguntou para si mesmo.

— Estou bem. A Sophia foi muito gentil e já tomei café com gotas de chocolate. *Ganz elegant*! — elogiando o ótimo atendimento que havia recebido até o momento.

— Muito bem. Mestre, por favor, antes de ir embora peço que guarde dez minutinhos para mim, se não for nenhum transtorno para o senhor. — Caio pensou em conversar com ele assim que o viu sentado na poltrona.

— Claro, claro. Posso pedir para a gentil senhorita que o avise. — Professor Frank foi solícito, já desconfiava que Caio queria conversar pela sua expressão afetiva de carência.

Despediram-se com um aperto de mão e um semiabraço, pois Caio era avesso a contatos corporais, o contrário do professor que abraçava apertado e, se pudesse, beijaria sem distinção. Ao entrar na sua pequena sala, Caio sentiu a necessidade de conversar com o professor como nos velhos tempos de faculdade. Acostumara-se com a maneira de ser do responsável pela área onde trabalhava, mas precisava colocar para fora o que estava entalado na garganta.

Existia uma luta interna antiga que o colocava sempre em xeque entre a ética e a ambição. Caio sabia que era ambicioso, queria status e poder, ganhar muito dinheiro fazia parte dos seus planos. Sentia que fazia enorme força para acreditar que o dinheiro por si só não era sua meta principal, mas os próprios devaneios sempre o levavam para o dinheiro. Parecia "o" pré-requisito. A ética trazia os limites para que sua busca pela ambição não o forçasse a pisar nos outros, nem jogar sujo para conseguir o que queria.

Seus pais o incentivaram a ser competitivo quase a qualquer preço. A conduta ética pareceu não ser prioridade na sua formação. Ao menos aos seus olhos, quebrar algumas regrinhas e ser esperto foram cultivados em sua educação. Certa vez, quando confessou para o pai que havia colado em uma prova, seu Cristiano não o puniu. O que ouviu dele ficou gravado na sua mente:

— Filho, você cometeu um ato não ético. Não é o melhor a ser feito, mas o mundo não vai acabar por este motivo. Você atingiu seu objetivo. Cuide para não repetir, mas se assim proceder novamente, seja inteligente para não ser apanhado com a mão na botija. — Seu Cristiano, de alguma maneira, o fez crer que algumas regras podem e devem ser quebradas se a oportunidade se fizer presente para atingir algo maior. O que agora, com mais maturidade, estava lhe causando muito desconforto e vergonha.

Caio passou algum tempo analisando o que efetivamente seu pai queria que ele aprendesse daquela atitude que o fez sentir-se tão mal, mas que aos olhos do pai havia sido apenas uma maneira de atingir um objetivo maior.

Entendeu, com o tempo e os pequenos deslizes que cometeu, que flexibilizar a ética era uma maneira de alcançar seus objetivos de maneira mais rápida, sem reduzir as chances de atingir o que ambicionava.

O tipo de comportamento ético que o definia era duvidoso. Em muitos momentos passou por cima de colegas. Sabia que colocava sua satisfação pessoal acima do coletivo e que se fosse julgado por determinados atos, não teria perdão. Caio tinha ciência de suas atitudes e que seria o primeiro a condenar os outros pelos atos que ele mesmo já havia praticado. Dificilmente os aprovaria. Com um pouco mais de maturidade, essa sensação de ganhar o jogo manipulando as cartas não dava tesão. A superação em si ficava sem graça, mesmo que sua transgressão acontecesse somente no pensamento, sem se transformar em ação.

No final da manhã, o professor Frank o procurou para se despedirem. Caio sugeriu que tomassem um café na livraria próxima ao prédio onde trabalhava.

— Caio, como você está se saindo no seu trabalho? — O professor começou a conversa com uma pergunta, como de costume.

— Ah, mestre... Realmente meu entusiasmo já foi maior. As longas e exaustivas horas de trabalho, a politicagem, as reuniões longas e cansativas, a competição obstinada e ferrenha de uns e outros... Tudo isso tem exigido muito de mim.

Caio estava a ponto de sofrer um colapso e escondia com todas as forças de si mesmo e de todos para não parecer um fraco. Pelo menos era assim que ele acreditava.

— Entendo. O que você tem feito para que essa situação mude? — O professor não se intimidou com as reclamações justificadas de Caio. Queria saber mais.

— Nossa, professor, o senhor não alivia mesmo. — Caio se sentiu mais pressionado, mas ao mesmo tempo numa arena protegida pela confiança depositada na relação com o antigo mestre.

O professor Frank sorriu com o comentário de Caio e aguardou sua resposta.

— Tenho pensado e me questionado muito quanto ao posicionamento que venho adotando. Não sei se estou disposto a me manter neutro quando todos estão em guerra, se realmente tenho algo importante para falar em reuniões, se essa empresa é a empresa de meus sonhos, se sou capaz de me empenhar para atingir o cargo que quero. E tem outras questões que estão me perturbando o sono — desabafou Caio.

Ele queria encontrar seu lugar na empresa, mas a pressão estava enlouquecendo-o. Parecia que seu nível de ambição era testado homeopaticamente.

— Caio, suas perguntas são pertinentes. Você precisa descobrir o que realmente quer. Parece-me que você está dizendo que todo esse esforço não justifica o retorno, certo? Também sinto que a empresa é muito confusa e complicada. Minha percepção está adequada?

Caio concordou levemente, demonstrando alívio, pois finalmente alguém o compreendia.

— Mas, meu jovem, e você? Qual sua parcela nessa conta? Será que só a empresa tem problemas? Será que você contribui com esses

PIT STOP, TODOS PRECISAMOS

problemas? Será que você tem capacidade para encarar esses desafios? Será que você está fazendo a coisa certa? Quem te apoia e orienta internamente em suas ações e dilemas?

Caio escutava aquilo tudo desfalecido como um soldado alvejado pelas costas. Não sentia força para replicar.

— Não te ajudo com colo e canções de ninar. Preciso ser direto para que você compreenda a posição de vítima que você construiu para se proteger. As empresas não são entidades abstratas, Elas são constituídas de pessoas e pessoas erram, sentem, sonham, mentem, dissimulam, gostam etc. É fundamental que você compreenda os limites que o ser humano tem, principalmente quando se está em tribos. Notei que você chegou cedo e ainda assim estava apressado para fazer alguma coisa. Essa tal coisa era uma contingência urgente que surgiu de ontem para hoje ou era algo que você poderia fazer com mais calma? — perguntou o mestre ao final do pequeno discurso.

— Era algo meio urgente, mas eu poderia fazer num tempo normal — respondeu Caio um pouco mais engajado na reflexão.

— Então, observe se não é você mesmo quem está criando seu estresse. O meio em que vivemos pode nos levar a isso, mas me parece que você busca ser reconhecido com destaque, o que é natural, mas isso, pesa em sua determinação se não sabe onde quer chegar. Uma empresa jovem como a sua, cheia de mentes brilhantes, ambiciosas e competitivas, pode se transformar em um ambiente muito triste, sem compaixão e diversão. Com certeza, ao longo do tempo, pode constituir uma cultura que drena todos para uma máquina de moer carne. A cultura organizacional representa o universo simbólico da empresa. É o referencial de padrões de desempenho que influencia coisas como: pontualidade, produtividade e qualidade de serviço ao cliente etc. Quando bem construída, ela é uma representação mental e emocional, um sistema coerente que une todos os membros e os caracteriza no mesmo modo de agir para atingirem objetivos comuns. Tudo isso em tese, quando já atingiu a maturidade, o que tudo indica não ser o caso.

Assim sendo, você precisa se distanciar e observar seus limites, seus motivadores e, principalmente, seu objetivo. Não será com quantidade de trabalho e competição em uma busca frenética de reconhecimento. Um tipo de doce ilusão! Tudo isso deixa a gente cansado e com vontade de chutar o balde. — O professor se empenhava em elucidar pontos importantes para as futuras escolhas de Caio.

— Mestre, estou precisando descansar. Talvez férias, coisa que nunca imaginei tirar — Caio se sentiu mais empurrado ainda contra a parede depois de ouvir as palavras do professor.

— Então, prepare-se para refletir muito nas suas férias. Entrar em contato com você mesmo e observar o mundo com certo distanciamento pode precipitar o florescimento da compreensão e talvez consequente tolerância. — O professor o incentivou a fazer a pausa, sentiu que era necessário que Caio pudesse se distanciar dos problemas de forma a relativizar a própria perspectiva sobre tudo o que acontecia ao seu redor.

— Reflita sobre ser você mesmo, como construir parcerias, como os colegas podem admirá-lo ao invés de temê-lo.

O velho mestre bem sabia que centenas de gerações de líderes, desde sempre, perdiam-se na construção do líder super-herói que era mais temido do que admirado. Os jovens de alto potencial de entrega e ambiciosos eram levados a conquistar seu lugar ao sol baseados nos arquétipos de super-heróis que carregam — inconscientemente, uma necessidade de reconhecimento desmedida que, muitas vezes, embrutece o afeto, destruindo a vida emocional dessas pessoas.

— Meu jovem, o que vou te falar agora talvez seja o ponto mais sofisticado a ser compreendido e mais difícil de ser levado a cabo no dia a dia humano. Acolha com carinho sua vulnerabilidade. Vou repetir: vulnerabilidade — falou pausadamente. — Procure lidar com esse estado de aparente fraqueza como um estágio necessário ao seu desenvolvimento — expôs o professor em um tom bem suave e tranquilo.

— Mas, voltando ao ponto que antecede isso tudo: Qual seu objetivo na vida? — inquiriu sagazmente o experiente homem.

PERGUNTAS PARA REFLEXÃO
Utilize o espaço abaixo para registrar anotações pessoais.

P A vulnerabilidade é um sentimento com duas perspectivas: nos outros pode ser percebida como força ou coragem, mas em nós é certamente taxada como fraqueza e, quando possível, fugimos desse estado indesejado. É na vulnerabilidade que temos chances de crescer, aprender e refletir. Aceitá-la e escutar nossos gritos interiores de medo e vergonha é um momento ímpar de desenvolvimento.

Vários são os momentos que nos encontramos vulneráveis. Quais são os seus típicos momentos? Quais são os seus mecanismos usuais de defesa contra a vulnerabilidade?

P Compreendendo a perspectiva colocada acima e no capítulo, quais poderiam ser seus novos comportamentos diante da vulnerabilidade?

CAPÍTULO 19

Insight

Eram nove e meia da manhã. João estava sentado sozinho à mesa do café da manhã lendo as primeiras notícias do dia no computador quando recebeu uma ligação para participar de uma entrevista. Era mais uma daquelas incômodas manhãs em que João experienciava o sentimento de baixa autoestima que todo desempregado vivencia ao constatar que os outros saíam de casa para trabalhar e ele ainda não sabia o que fazer da vida.

A pessoa ao telefone foi direta, fornecendo o horário e endereço no histórico bairro de São Cristovão, que fica perto da zona portuária no Rio de Janeiro, local habitado no passado por reis e grandes figuras da história brasileira.

Durante a manhã, João, sem refletir muito sobre o significado daquela entrevista em seu projeto profissional, pesquisou desenfreadamente no computador. Lia todas as notícias e matérias sobre a empresa e o setor de atuação. Naquela altura do campeonato já se considerava craque em entrevistas. Foram várias desde os últimos anos de faculdade. Saiu de casa e chegou ao local marcado com vinte e cinco minutos de antecedência. Ficou aguardando no ar-condicionado da espartana recepção. Era uma empresa brasileira com grandes projetos de engenharia, inclusive no exterior. Enquanto esteve na portaria observou o trânsito de conversas entre vários estrangeiros que falavam em inglês. Por causa de sua fluência no idioma, entendeu nitidamente que um dos estrangeiros reclamava da falta de opções de berçários para seus filhos gêmeos. Achou ridiculamente estranha a dificuldade enfrentada por aquele homem, pensando sobre qual seria a dificuldade para um bebê estar em uma creche carioca.

"Esses gringos, sempre nos colocando para baixo", pensou João, quase que tomando as dores do subdesenvolvimento imaginário. João ainda não tinha aprendido que a baixa autoestima típica dos países subdesenvolvidos reside apenas no imaginário de suas populações.

Exatamente às duas horas da tarde, uma senhora veio buscá-lo e o levou até uma grande sala de reuniões. João esperou a chegada do entrevistador por cerca de dez minutos, o que pareceu uma eternidade. Como em um *flash*, imaginou-se transitando por aqueles corredores e salas silenciosos com pé-direito de quatro metros. Sentiu um nó na garganta e um intenso desânimo, como quando o despertador toca às 6 horas numa manhã fria de domingo. Saiu do sofrimento interno no momento em que uma bela moça sentou-se no lado oposto da grande mesa. Pela aparência, a entrevistadora devia ter três anos a mais que ele. Tinha seu currículo em mãos e o arguia sobre a única experiência profissional formal que teve em sua vida.

Com muitas entrevistas realizadas até então, João não se sentia mais pressionado ou nervoso. Praticamente sabia as perguntas que seriam feitas e que tipo de respostas eram esperadas. Era sempre sincero e falava a verdade.

Ouviu de Lúcia, a entrevistadora, quais eram as necessidades da empresa.

— Bem, João, o tipo de perfil esperado de um administrador moderno exige visão generalista e conhecimento em diversas áreas, como: economia, contabilidade, direito etc. Aqui, enfatizamos a

INSIGHT

necessidade de conhecimento em gestão ambiental e responsabilidade social. Aliás, pessoalmente, acredito que daqui a algum tempo será obrigatório e indispensável no currículo de qualquer administrador. Os consumidores se conscientizaram que as empresas que adotavam posturas com políticas sociais responsáveis trazem retornos positivos para a coletividade. — Lúcia se expressava muito bem e gostava de falar, mais do que o normal para uma entrevistadora.

Ao final de cada entrevista, João tinha a nítida impressão de que estudo, idiomas e cursos extras eram insuficientes para ser convocado a continuar o processo seletivo, para ser o escolhido necessitava de um diferencial. Conhecia alguns colegas que tinham o tal diferencial e não eram escolhidos, pois as empresas não tinham como bancar uma contrapartida à aspiração exigida por esses futuros profissionais. Como resolver essa equação?

— É claro que você sabe que as empresas necessitam de profissionais que entendam do negócio e que sejam competentes para atuar em conjunto com as mudanças contínuas de maneira positiva. A vulnerabilidade e a competitividade impactam diretamente no resultado do negócio. Aqui, o senso de responsabilidade individual e coletivo é respeitado e tem promovido maior qualidade de vida para todos os membros. — Lúcia continuou o rosário corporativo que devia utilizar em todas as entrevistas.

João não se sentiu à vontade para perguntar ou se interessou em saber que tipo de função viria exercer ou quais eram os planos da empresa para o futuro e menos ainda quais seriam as chances dele na empresa.

— Bem, João, o administrador tem de relacionar-se com as pessoas de forma persuasiva para driblar as adversidades internas, e liderar é essencial para que o trabalho em equipe aconteça. Você sabe que a comunicação nunca foi tão solicitada, certo? — Lúcia era simpática, usava *tailleur* azul marinho e uma blusa rosa com babados de renda, era discreta na maneira de ser.

— Lúcia, agradeço a oportunidade de passar pelo processo seletivo de vocês. — João foi tão rápido na conclusão da entrevista que Lúcia precisou de alguns segundos para entender o que estava acontecendo. Foi o entrevistado quem deu fim à entrevista.

Nas entrevistas anteriores, João também não foi o escolhido, mas não se sentia triste, estava na verdade aliviado. Diferente das outras vezes, no trajeto para casa, João inexplicavelmente sentia-se forte, com ideias saltitantes sobre prestação de serviços que viabilizassem a interação entre pessoas diferentes. A dificuldade do estrangeiro naquela recepção precipitou um grande *insight* em João. Ele começava a traçar uma estratégia mental para sair da situação que se encontrava. Ao sair daquela que foi a sua última entrevista, começou a colocar em ordem uma aposta que estava pensando há algum tempo: criou um plano de estudos focado nas necessidades de serviços para a grande quantidade de estrangeiros que viviam na cidade do Rio de Janeiro.

Mesmo com pouca certeza do que queria fazer, quis falar com o professor Frank para endossar seu objetivo a partir daquele momento: ser dono do próprio nariz. Entrou em contato com o professor do seu computador em casa, queria estar em um lugar tranquilo para conversar sem interrupções. No dia anterior ligou para seu mestre para organizar um encontro via *call*.

Às 20 horas, estavam "ouvido a ouvido", ambos em suas residências. João estava encostado no travesseiros da cama e tinha como fundo uma parede branca. O quarto se mantinha desorganizado de uma maneira que conseguia encontrar os objetos sem muito sacrifício. A mãe de João sempre sentia muita vontade de passar uma vassoura e jogar o que ela chamava de "tralhas" fora.

— Boa noite, mestre. Sempre serei agradecido por sua boa vontade comigo. — João começou o bate papo.

— João, sinto-me muito bem em poder contribuir com este momento de sua vida — respondeu o professor. A voz parecia cansada, mas sua atitude era bastante positiva.

INSIGHT

O professor mantinha a vida ocupada, mas muito bem planejada. Há alguns anos havia se preparado para conquistar a vida que sempre quis: dar aulas, consultorias em empresas de médio e grande porte e palestras pelo país afora.

— Agradeço, mestre. Sei que ultimamente tenho sido insistente em mantermos contato e conversas a respeito da minha novela profissional e sou ciente que seu tempo é precioso. — João valorizou a dedicação do professor de maneira muito sincera.

— Meus alunos são eternos na minha vida, João. Alguns, ao longo dos anos, tornaram-se verdadeiros amigos. Alimento minha carreira com as experiências dos meus alunos, de executivos, empresários e de pessoas que me dão a oportunidade de conhecê-las melhor.

— Bom, mestre, gostei muito de saber que não estou atrapalhando seu momento de descanso — João se colocou.

— João, meu descanso não está neste planeta. Deixo o descanso para o meu leito de morte. O que faço é sossegar minha mente e meu corpo por algumas horas.

João se divertiu com o comentário do mestre, sem ter o menor entendimento do que aquilo significava para pessoas com a experiência do professor. Quase que imediatamente a mãe de João entrou no quarto para avisar que ia deitar. João não conteve o sorriso e precisou contar ao professor o que havia acontecido.

— Professor, decidi que minha última entrevista para encontrar uma oportunidade de trabalho foi na semana passada. — João metralhou o início da conversa com uma notícia bombástica.

— Nossa, João, que decisão, rapaz. — O professor se sentiu até mais desperto depois de tamanha declaração.

— A verdade é que não aguentei mais responder a perguntas idênticas, exigência de posturas e habilidades absurdas para a fase de vida que me encontro. — João colocou para seu antigo mestre o sentimento de descaso e descrença que desenvolveu nas interações com recrutamento e seleção.

— É uma pena, mas tenho de concordar com sua indignação, João. O propósito da gestão do capital humano está um pouco perdido diante da complexidade do mundo em que vivemos. Isso é natural no processo evolutivo. São poucas as empresas que possuem uma gestão de pessoas forte que alinhe a estratégia da organização com a política de recursos humanos — concordava com João.

— Bem, mestre, meu objetivo de hoje não é choramingar. Preciso da sua ajuda, pois decidi investir no meu próprio negócio. — João colocou para fora o que lhe ia pela mente e percebeu que não soava tão estranho quanto imaginou.

— João, percebo que você está tomando sua vida nas mãos. Que interessante! Decisão muito importante! — O professor deixou escapar um sorriso entre as palavras.

— Ainda não sei se funciona dessa maneira, mestre. Confesso que sinto muito medo e não tenho tantas certezas assim. — João ainda sentia-se inseguro.

— A vida é esse eterno ir e vir, ganhar e perder... O medo é importante para nos proteger de situações de risco, mas não pode nos paralisar. Cuidado! — alertou-o quanto a querer se proteger demais da vida.

— Por isso preciso de sua ajuda... Estou desenvolvendo um plano de estudos focado nas necessidades de algumas empresas na área de serviços para estrangeiros no Rio de Janeiro. — João começou a revelar o que havia imaginado até o momento, a partir do *insight* que teve em São Cristóvão.

— Muito bem, João. Vamos esmiuçar um pouco mais a respeito de abrir um negócio próprio, ok? Tome nota: você realmente acredita que possui perfil empreendedor? E o seu talento é pertinente ao que quer ter como negócio? Quem é seu público-alvo? E seus concorrentes? E seus fornecedores? Quais são suas competências? Elas são técnicas e/ou estratégicas e/ou comportamentais? Quando você tem de domínio sobre essas competências? Avançado, intermediário, básico?

INSIGHT

— O professor deu início a tantos questionamentos que João acreditou ser impossível respondê-los naquele momento.

— Nossa, mestre, achei que o senhor iria me tirar da inércia... Acho que estou muito próximo de desistir antes de dar início a qualquer negócio. Suas perguntas, como sempre, são avassaladoras. — João sentiu um frio na boca do estômago.

— João, não é para desenvolver mais medo. Você apenas precisa se organizar, planejar e juntar o maior número de informações a respeito do seu futuro empreendimento. Além de ser muito sincero consigo mesmo, claro.

— Creio que estou em um momento decisivo da minha vida. — João se sentia mais próximo de saber quais seriam seus próximos passos.

:

PERGUNTAS PARA REFLEXÃO
Utilize o espaço abaixo para registrar anotações pessoais.

P É interessante observar que nas cartilhas de empreendedorismo a palavra foco é a mais utilizada. De tão batida já entrou na corrente sanguínea de quem se aventura no mundo do empreender.

Curioso observar que esse mesmo foco, tão badalado, muitas vezes, pode ser o maior bloqueador de *insights* e gerador de miopia frente às necessidades do mundo a nossa volta. Na busca de ideias e projetos, podemos apresentar o desavisado comportamento de buscar o que queremos e focar cegamente nesses objetivos, metas, planos e desejos, deixando em segundo plano as necessidades do meio. A questão do foco flutua no sujeito da oração: Foco de quem? Seu? Ou do seu potencial cliente?

P Se as afirmações e questões acima fazem sentido para você, como você poderia equilibrar as necessidades do Eu com as demandas do mundo a sua volta?

P Será que não temos o mesmo comportamento quando fazemos parte de uma organização empresarial como executivos? Por exemplo, como você vê as possibilidades do dia a dia frente aos que os outros veem?

CAPÍTULO 20

Que loucura! Onde estou?

Cláudia estava muito empolgada com o trabalho que vinha desenvolvendo em sua empresa, principalmente porque estava atuando na área administrativo-financeira, numa atividade não somente de controle. Para ela, essa área justificava o investimento no curso de administração, tornando-se sua grande resposta para os anseios de sua mãe. Além disso, cuidar das finanças da empresa, na gestão de recursos para aquisições e no gerenciamento administrativo, permitia que ela exercesse um papel mais estratégico, perto da tomada de decisões da empresa.

Sentia-se feliz em monitorar a análise de investimentos da empresa, acompanhava alocações de recursos para financiar operações à luz do orçamento aprovado, evitando e apontando oportunidades de reduzir gastos desnecessários. Ela se considerava uma investigadora palatina que descobria os melhores caminhos e sinergias para que a empresa funcionasse de forma adequada.

Cláudia acreditava que otimizava ao máximo os recursos orçamentários, desenvolvendo valor agregado aos serviços para que a empresa tivesse uma posição competitiva diante da concorrência, num setor em que a margem em serviços técnicos era extremamente volátil. O retorno positivo do que era salvo estabelecia economias e satisfação na direção financeira da empresa. A otimização e o controle minucioso dos custos para uma empresa prestadora de serviços na cadeia de valor de óleo e gás era questão de sobrevivência.

As chances de Cláudia crescer na carreira e na empresa aumentavam a olhos vistos. As habilidades e competências que havia desenvolvido a conduziam a interações que davam visibilidade fora do país, coisa muito difícil para alguém com pouco tempo na empresa e iniciante profissional como ela.

A diversidade cultural presente naquele tipo de negócio a encantava. O fato de estar vivenciando uma pluralidade e multiplicidade de diferentes ângulos culturais quanto à língua e comportamentos a impelia a manter-se firme em sua trajetória profissional. Percebia-se reconhecida e sentia-se orgulhosa das próprias conquistas.

Cláudia sentia que seu sucesso profissional estava sendo conquistado diariamente. Seu diretor a elogiava com frequência e o percebia cada vez mais próximo. Todavia seus colegas não demonstravam a mesma empolgação e felicidade que ela. Muitas vezes a tratavam como a queridinha do chefe, a protegida, o que ela entendia como certo ciúme e algo natural frente à tremenda dedicação que ela colocava no seu dia a dia.

Certo dia, quando ambos subiam pelo elevador depois do almoço, junto com outras pessoas, ela percebeu um olhar estranho por parte de seu chefe pelo espelho do elevador. Ele não notou que ela o observava pelo espelho. Aquela cena a levou a recordar a conversa que teve com Caio. Realmente o tratamento que o diretor dispensava a Cláudia era diferenciado. A partir daquele dia ela passou a prestar atenção e perceber olhares durante as reuniões, no salão de café, em interações em geral. Por muitas vezes, os abraços de bom dia eram um tanto quanto apertados, seguidos de comentários como "Nossa adorei seu perfume? O que está usando?"

QUE LOUCURA! ONDE ESTOU?

Passou a se preocupar com o que a equipe poderia pensar a respeito e começou a evitar estar a sós com Emanuel. Não queria que sua competência fosse colocada em dúvida, nem imaginar que alguém poderia pensar que estava empregada porque era a queridinha do diretor.

Emanuel começou a perceber seu sutil afastamento. Alguns comportamentos dele demonstravam certa ansiedade. Quando Cláudia estava presente ele fazia questão de se aproximar dela imediatamente. Cláudia se sentia sem graça. Passou a perceber que alguns colegas laçavam olhares sobressaltados e condenatórios.

Numa sexta-feira, se preparava para ir embora quando Emanuel a chamou em sua sala. Cláudia sentiu um frio no estômago. Pensou que provavelmente ele perguntaria o que estava acontecendo. Seu maior medo era ter de contar a verdade, não conseguiria mentir.

— Emanuel, será que podemos deixar essa conversa para amanhã? — Cláudia tentava escapar de toda maneira da suposta conversa.

— Cláudia, não. Amanhã é sábado e eu não poderei — Emanuel respondeu seco.

Pela entonação que Emanuel utilizou na voz, Cláudia sentiu o último fio de cabelo se arrepiar, começava a sentir a ponta dos dedos gelados e as têmporas latejando. Queria acreditar que a conversa seria a melhor opção para ambos, mas o calafrio que sentiu na nuca a avisou que não.

Imaginou que para outras mulheres não seria nenhum sacrifício ceder aos encantos de Emmanuel. Ele era um cara bonito, forte, inteligente e sedutor quando queria argumentar, mas seu senso e compromisso com uma relação profissional eram inabaláveis.

— Chefe, o que precisamos conversar agora que não pode ser falado na segunda? — Cláudia tentou adiar mais uma vez, mas Emanuel apontou a direção da sala de reuniões. Emanuel deu passagem para Cláudia e fechou a porta.

— Cláudia, sente-se por favor — pediu Emanuel. — Quer tomar alguma coisa? — perguntou.

Cláudia achou estranha a atitude de Emanuel quando fechou a porta, pois sabia que àquela hora apenas os dois estariam naquele andar na empresa. O pessoal da limpeza chegaria dali duas horas somente.

Emanuel se sentou ao lado de Cláudia, bastante próximo. Sentiu-se acuada e levantou, sentando do outro lado da mesa. Não havia necessidade de tal aproximação. Mesmo assim estavam próximos, ela ainda podia sentir a respiração acelerada de Emanuel.

— Cláudia, não sei bem o que dizer, mas vou direto ao ponto: tenho percebido que você está criando um distanciamento entre nós. — Emanuel a encarava diretamente nos olhos.

— Emanuel... — Cláudia começou a falar, mas as palavras estavam apertadas em sua garganta.

— Acho que você já percebeu que meu interesse por você está além do profissional. Francamente, acho que estou apaixonado por você. — Emanuel, enfatizou as palavras com gestos e cercou Cláudia, colocando as mãos na mesa e abaixou a cabeça.

Cláudia gelou e ficou paralisada, sem saber o que dizer.

Subitamente, Emanuel levantou, contornou a mesa e agachou-se ao seu lado, com uma mão na mesa e outra em seu braço. Para sair daquele cerco teria que empurrá-lo.

Cláudia começou a respirar com velocidade, a transpirar e a sentir-se mais ameaçada. Definitivamente se sentiu assediada pelo diretor e decepcionada pelo sorrisinho sem vergonha que ele demonstrava. Emanuel era a pessoa que ela mais admirava na empresa, conhecia o profissional inteligente e apaixonado pelo trabalho. Rápidos pensamentos ecoaram na mente de Cláudia: "Como ele pode ser capaz de tal atitude? Estou me sentindo completamente coagida, ele está em posição hierárquica superior. Será que ele não imagina que depois estaremos aqui novamente?".

— Cláudia, não consigo mais me controlar na sua presença. Até minha esposa está notando que estou diferente e... — Emanuel queria que Cláudia entendesse o que ele estava sentindo.

Cláudia, ao ouvir a palavra "esposa" afundou o corpo no assento e conseguiu reunir forças para empurrar a cadeira para trás e sair daquela situação ameaçadora. Emanuel não esperava tal reação por parte de Cláudia, pois, aos olhos dele, ela correspondia aos seus olhares e pensamentos.

— Vou embora, me desculpe — Cláudia ainda conseguiu dizer. Estava chocada com tudo que ouvira.

Emanuel levantou-se quase que imediatamente e tentou alcançar Cláudia, mas ela já estava fora da sala e corria em direção à saída, velozmente.

Em fração de minutos, todo o filme de sua história naquela empresa veio à mente. Desde sua entrada, seus sonhos, os projetos, a primeira reunião com o chefe encantador...

"Que idiota eu fui!", pensou Cláudia, com os olhos cheios de lágrimas.

Seus sentimentos transitavam entre raiva e desilusão. Sentiu-se usada e culpada por não ter percebido que não era sua eficiência e dedicação que estavam em jogo. Havia escutado sobre casos de assédio sexual, mas não imaginava o quanto era avassalador, até ser ela a protagonista da história.

Naquele momento, alguns sinais que antes não faziam sentido ou não chamavam atenção, agora eram árvores de natal piscando no mês de junho. Compreendeu claramente os olhares e as piadinhas que os colegas vinham fazendo.

— Que ódio! — gritou já dentro do carro no estacionamento que ficava perto da sede da empresa. — Tudo acabado! Estou fora! E minha carreira já era. — Planejou mentalmente os próximos passos.

O primeiro pensamento de Cláudia ao entrar no aterro do Flamengo em direção a zona sul foi ligar para João. Era a única pessoa que a compreenderia e daria o colo que tanto precisava naquele momento. Tentou controlar o choro, mas foi impossível, João não atendeu sua chamada.

PERGUNTAS PARA REFLEXÃO
Utilize o espaço abaixo para registrar anotações pessoais.

P Infelizmente não estamos livres de questões como essa que Cláudia vivenciou. Além do assédio sexual, existem outras formas de assédio nas interações humanas. Cláudia talvez não percebesse o que acontecia por várias razões. Todavia, um fator interessante era que ela tinha seu centro de atenções voltado a si mesma, ou seja, o foco muito centrado em seu Eu: o que queria, sua carreira, seus planos etc. Essa postura diante da vida pode facilitar a constituição de fantasias, ilusões ou cegar a dura realidade. Falando a mesma coisa de outra forma, o foco no Outro, tende a nos nutrir de uma realidade externa mais límpida. Nesse caso, o alerta sobre perigos pode chegar mais cedo. De forma prática, como você poderia evitar prematuramente ou mitigar outras formas de assédio (psicológico, moral etc.) tão presentes no ambiente empresarial?

P Será que compreender a fragilidade ou limite do Outro seria relevante nessa análise para antecipar-se ao ato?

CAPÍTULO 21

Desencontros no reencontro

Leleco sempre foi muito animado para festas e encontros. Na época da faculdade, era ele quem cuidava da organização, alegoria e adereços de todas as festas. Houve um momento em que pensou que essa atividade de *promoter* poderia lhe render uma boa grana.

Foi ele quem tratou de reunir os amigos em um barzinho no Leblon para matar a saudade, pois já havia se passado um bom tempo que os quatro não se viam. Ao convocar a turma naquele setembro de 2006, foi possível perceber como todos estavam com muita vontade de se reencontrar. Sempre prometiam estar juntos, mas se alguém não tomasse a responsabilidade para si de organizar o evento nada aconteceria.

Apesar de Leleco ser o cara mais desligado e de cuca descansada do grupo, ele tinha um lado afetivo muito presente em todos os atos da vida. Ninguém melhor que ele para envolver as pessoas em projetos, seja lá qual fosse a natureza. Uma competência diferencial que, por ser tão óbvia, ele não a percebia, no sentido de operá-la com mais consciência. Era ela quem o operava.

O barzinho que Leleco escolheu para o reencontro era palco da boemia carioca. O ambiente era agradável, estilo alternativo, e as pessoas que frequentavam o local eram bastante heterogêneas. O chope era servido estupidamente gelado e o atendimento era bom mesmo nos dias cheios.

O primeiro que chegou foi Caio. Sempre comprometido com a pontualidade.

— Boa noite! Qual é a mesa reservada em nome de Leleco? — perguntou Caio com formalidade ao primeiro garçom que apareceu.

Quando verificou qual seria o local que eles estariam juntos, por pelo menos umas três horas, tratou de solicitar a troca, pois tinha a nítida impressão que naquele pedaço do bar não conseguiriam ouvir um ao outro. O garçom foi solícito e imediatamente providenciou outro lugar para em seguida saber o que Caio gostaria de beber.

— Uma vodka com suco de laranja. Bastante gelo. — Caio sentia necessidade de tomar uma bebida refrescante, mas forte o suficiente para relaxar. Mal sabia ele que essa ingênua prática leva muitos executivos ao alcoolismo.

Quando seu pedido chegou, Cláudia e João se aproximavam vindos de direções opostas. Abraços e sorrisos foram trocados e os dois caminharam entre as mesas como um casal que chegava junto. "Que coincidência!", pensou João.

— João, você está diferente. O que está acontecendo? — Cláudia havia reparado na mudança de visual do amigo logo que chegaram. Nenhum detalhe escapou.

O cabelo estava grande, ombros a prumo, vestia calça jeans preta e camisa de malha azul marinho. O olhar era confiante. Percebia-se que tinha emagrecido, no mínimo, uns cinco quilos. O sapatênis cinza chumbo completava o visual elegante. As mudanças em João nos últimos dezoito meses eram gritantes.

— Você acha? — João podia ter conquistado um bocado de vitórias até então, mas estar próximo de Cláudia o fazia parecer um adolescente inseguro com espinhas no rosto.

— Ei pessoal! Eu também estou aqui — disse Caio chamando atenção dos dois para si.

— Claro que sim. Tenho certeza que Caio também percebeu as mudanças, não é? — Cláudia conteve o entusiasmo e decidiu chamar Caio para a conversa para ter chance de se recuperar emocionalmente.

Depois da conversa com Caio, Cláudia percebeu que seu interesse em João estava mais forte do que ela, mas ainda não tinha coragem para contar o que sentia. Deixou o sentimento oculto de si mesma e dessa maneira conseguiu manter-se ilesa, até aquele momento, do que descobriu sentir pelo amigo. Vê-lo a sua frente sem ter tido o cuidado de se preparar para aquele momento, a deixou desnorteada.

Caio socorreu a amiga e distraiu João pedindo que contasse as novidades de uma vez, pois estava curioso para saber o que tinha acontecido.

— Vamos esperar pelo Leleco, já deve estar chegando. Como sempre atrasado, nos encontros que marca. — Todos riram.

— Coitado, o cara trabalha do outro lado da baía, tem de pegar barco, ônibus, charrete... — Brincou Caio.

— Que nada, ele já comprou um carro. Leleco está abafando — disse João.

Dentre os quatro, João e Leleco eram mais conectados um ao outro depois que concluíram os estudos. Apesar de não se encontrarem pessoalmente, mantinham frequente contato por telefonemas e e-mails.

— E aí, galera? Que bom revê-los! É tudo de bom estarmos juntos depois de tanto tempo — Leleco cumprimentou os amigos com fortes abraços e beijos.

— Leleco, ainda bem que você chegou, pois o João disse que só contaria as novidades quando você chegasse — disse Caio ansioso, assim que Leleco se sentou.

— Ei chefia! Dois chopes! Estou seco! — gritou sedento por beber algo.

Dessa vez, João e Cláudia estavam lado a lado. A vontade de João agarrar Cláudia se mantinha presente em todos os poros. O tempo passava e parecia que aquele sentimento por Cláudia se ratificava e aumentava.

— Amigos... Estou muito feliz por estar aqui com vocês. — O olhar de João parou em Cláudia.

— *Brothers*, a gente devia se encontrar, pelo menos, uma vez por mês. Esse negócio de trabalhar toma um tempo legal, né? — Leleco comentou logo em seguida.

— Leleco tem razão. Trabalhar toma tempo e dificulta à beça que eventos como o de hoje se realizem. Não é mesmo, Cláudia? — Caio desviou a pergunta para Cláudia. Não queria correr o risco de entrar na temática de trabalho sem antes que João mexesse a primeira peça no tabuleiro.

Cláudia ignorou momentaneamente a pergunta de Caio e continuou sorrindo, trocando olhares furtivos com João enquanto Leleco terminava de contar uma piada.

— Nossa, nem fale, Caio. — Cláudia retomou.

— No dia que nos encontramos no Centro, por acaso, foi muito bom, apesar de rápido. — Cláudia gostou da interferência de Caio, pois começava a dar bandeira e não queria que João percebesse.

— Realmente, o trabalho ocupa praticamente as vinte e quatro horas do dia. E quando se tem o negócio próprio, o dia precisava ter trinta e seis horas. — João se manifestou dando a deixa do que estava acontecendo na própria vida.

Os três amigos se entreolharam e, imediatamente, voltaram os olhares para João. Como era mais próximo a ele, Leleco sabia do que João estava falando. Mas Caio e Cláudia não sabiam de nada. Ambos dispararam a pergunta simultaneamente:

— Que porra é essa de negócio próprio?

— Pessoal, na verdade, ainda não estou trabalhando efetivamente. Meu plano é ter minha própria empresa. — Finalmente, João contou a grande novidade.

A reação de cada um dos amigos foi singular. Leleco, mesmo sabendo, não deixou de levantar-se para dar um abraço no amigo como se a empresa de João já existisse. Cláudia arregalou os olhos e o parabenizou com palavras motivadoras e Caio o cumprimentou pela coragem, mas sem entusiasmo. Logo em seguida começou a bombardeá-lo de perguntas, praticamente uma sabatina.

— João, por que você decidiu abrir um negócio próprio? — Com esta pergunta, Caio trouxe à tona sentimentos que João ainda estava consolidando.

— Caio, pensei e estudei muito, tive o apoio do professor Frank e até de um consultor de carreira antes de tomar essa decisão. Não está sendo simples ou fácil. Veja, ainda não tenho nada concreto, por enquanto, é uma ideia e um plano. — João preferiu não tocar no assunto que o incomodava, nem antecipar o que já era realidade.

— Entendo. É verdade que tudo começa com uma tola ideia. — Caio colocou com um tom de pouco caso.

Pelo olhar dos amigos, Caio percebeu que não causou uma boa impressão com o que falou.

— Quero dizer, a ideia implica em representar uma intenção despretensiosa. É uma projeção do que pensamos e pode não estar presente na realidade, ou seja, elas não existem e podem ser apenas pensamentos bobos. Foi nesse sentido que quis dizer que ideias são tolas — Caio filosofou para tentar sair da situação delicada que havia se colocado.

— Caio, não há necessidade de tanta elucubração. Sei que você está louco de vontade para fazer perguntas. Quer dizer, todos devem estar curiosos. Talvez possam me ajudar a organizar minha mente com as perguntas de vocês. — João preferiu amenizar o clima. Sabia o quanto Caio era prático e delicado como um paquiderme.

Como todos possuíam a mesma formação generalista em administração, ao liberar os amigos para perguntarem o que quisessem, uma avalanche de questões surgiu: o nome da empresa, qual é o tipo de negócio, quem é o público-alvo, quem são os concorrentes, quais os diferenciais, que estratégias de divulgação e de vendas seriam adotadas, quem seriam os parceiros, qual seria a receita, se já havia projetado o fluxo de caixa, qual seria o investimento inicial, quantos funcionários teria etc.

Depois das perguntas respondidas com base no plano de negócio que João tinha na cabeça, todos entenderam que o projeto era a prestação de serviços ao público estrangeiro que vivia no Rio. Sua oferta ia desde inserção social dessas pessoas na cultura da cidade e consequentemente, do país, até a operação de creches, berçários e casas de festa bilíngues. João contou sobre a conexão de seu desejo em derrubar barreiras de comunicação entre pessoas, com o *insight* que teve na recepção da empresa em São Cristovão, quando percebeu que a necessidade de se comunicar em outro idioma não era dos bebês, e sim de seus pais.

— João, fantástico! Creio que o seu negócio pode ser apresentado à minha empresa. O que mais temos são expatriados em missão no Rio. — Cláudia cogitou a possibilidade da empresa onde ela trabalhava contratar os futuros serviços da empresa de João.

— Ainda estou finalizando meu plano de negócios, fechando alguns pontos, treinando algumas pessoas, negociando com uma escola e algumas casas de festas. Em breve quero prospectar clientes. Se você considera essa possibilidade, é claro que farei uma visita na sua empresa. — João se sentiu animado com a possibilidade de estar mais próximo da vida de Cláudia, apesar de estar desconfortável com o fato dela ainda trabalhar naquela empresa depois de tudo que aconteceu.

Mesmo sabendo que Cláudia enfrentou a situação com maturidade e profissionalismo, além de espantosa frieza, ele sentia ciúmes e a considerava ingênua às garras de outros homens.

Depois daquela sexta-feira tenebrosa na vida de Cláudia muita coisa havia mudado.

No dia seguinte ao ocorrido, João retornou sua ligação depois do almoço de sábado e a encontrou cinco anos mais madura depois daquela experiência horrível. Cláudia lhe narrou o fato em detalhes.

João quase assumiu o ódio de Cláudia e ficou transtornado. Ela se posicionara mais calculista e de certa forma, compreensiva, pois passou a manhã com ninguém menos que o velho professor Frank que segurou a barra que estava enfrentando, levando-a a se recuperar e a traçar um plano de ação que deixaria seu diretor envergonhado pelo que fez, sem qualquer prejuízo para seu ciclo profissional na empresa.

Caio continuava curioso:

— João, se entendi certo, a concepção desse negócio surgiu porque você não conseguiu um emprego. Certo? — perguntou Caio com a sensibilidade agora de um rinoceronte.

— Francamente não sei quem nasceu primeiro, o ovo ou a galinha! — exclamou João sem parar de sorrir.

"Ele está realmente diferente", observava Cláudia, enfeitiçada.

— *Brother*, tenho que dizer, estava preocupado contigo. — Rapidamente Leleco interrompeu as intenções de diálogo do Caio, como sempre, cuidadoso e amigo de João.

— Leleco, você foi muito solidário comigo, enquanto estive mais desorientado do que agora. Preciso agradecer a você por tudo, camarada. — João agradeceu sorrindo para Leleco que esteve sempre presente em sua trajetória.

— Imagina, "mermão". Vamos pedir mais uma rodada para comemorarmos o sucesso do seu negócio! — Leleco se emocionou com o agradecimento de João.

Por muito tempo Cláudia não se sentia tão feliz em estar próxima de João novamente. Ao mesmo tempo que era bom vê-lo, era ruim não contar tudo o que sentia para ele e poder abraçá-lo, beijá-lo e tê-lo integralmente. Todos aqueles anos de um autismo amoroso em que ela não quis encarar a realidade, vivendo como se nada existisse entre eles além de uma franca amizade. Sua vida amorosa errante com dezenas de namorados, enquanto seu verdadeiro amor sempre esteve ao seu lado. Procurava sem êxito dentro de si identificar a gênese dessa paixão. Estava perdidamente apaixonada, mas impotente em desvelar seus sentimentos e com medo de não ser correspondida.

Do outro lado, mais maduro e seguro de si, João observava sua antiga paixão agora mais próxima. Todavia, sem a intenção de partir para cima, parecia que o tesão do inatingível era maior do que o concreto.

"Vou convidá-la para sair", pensou.

PERGUNTAS PARA REFLEXÃO
Utilize o espaço abaixo para registrar anotações pessoais.

P Leleco foi muito importante no sinuoso trajeto de João. Para as pessoas que estão em transição, seja para um novo ou primeiro emprego ou ainda um empreendimento, o apoio de amigos e família é fundamental. Ter alguém que nos escute, nos encoraje ou apenas sorria para nossas iniciativas faz muita diferença. Reflita se você deixou escapar esse "papel do amigo" para alguém. Talvez para transições dentro de seu próprio ambiente de trabalho ou em sua família.

P Imagine você em qualquer transição. Com quem você contaria?

CAPÍTULO 22

Vida de propósito

O reencontro provocou entre os amigos pensamentos sobre o que cada um estava fazendo da própria vida pessoal e profissional, e como.

A doce ilusão de que o trabalho era o pote de ouro que todos queriam encontrar depois da conclusão dos estudos de graduação era ratificada dia a dia. A inocência da vida escolar tornou-se nostalgia e as fantasias da vida no trabalho uma realidade impiedosa. Cada um de seu jeito já experimentava os altos e baixos das ambições e medos presentes nas interações humanas, ditas paradoxalmente adultas.

Como não podia ser diferente, Caio foi quem se sentiu mais atingido com o reencontro. Saber que João tinha planos de abrir o próprio negócio o incomodou de maneira inquietante. Não por inveja de João, que considerava um bom amigo, mas por sua incapacidade ou falta de coragem em não ousar algo grandioso, parecido com João.

A síndrome do super-herói aflorava como algo que se repetia ao longo de sua jornada. Algo incontrolável, desmedido, porém ele agora estava mais consciente, o que o amolava ainda mais. Ele não conseguia lidar com a realidade de que tinha limites e não podia tudo.

Queria chegar ao topo, mas ao ver o caminho escolhido por João, sentiu uma súbita inveja da classe empreendedora.

Ser o idealizador de um negócio inovador e de sucesso era, no fundo, o que ele queria. Lembrou-se de uma analogia feita pelo velho Frank, comparando o papel de um CEO a um gerente de padaria. Ambos os papéis eram semelhantes, o que na época Caio ouviu como um absurdo. "O gerente ou dono da padaria tem de observar o processo produtivo, garantir a saúde do padeiro, cuidar do estoque de farinha, pagar contas, abrir a padaria, gerir o caixa, checar a limpeza e a segurança, falar com o banco, sorrir para os clientes e funcionários...", lembrava Caio. "Diferiam-se apenas no volume de dinheiro envolvido, no terno e na hora de acordar pela manhã. O dono da padaria acorda às quatro da manhã", pensou. Lembrou que na época ele discordou da comparação veementemente, mas naquele momento era evidente a similaridade.

Percebia que gestão era algo distinto da concepção de uma estratégia, desenvolvimento de um conceito ou ideia e criação de um novo serviço ou produto.

"O que realmente eu busquei?", martelava-se Caio no pensamento.

Agora estava ficando claro a diferença entre Bill Gates, Steve Jobs e outros CEOs. E essa reflexão o colocava para baixo. Em seu sentimento, João havia encontrado a fórmula do sucesso. E Caio, com seu plano e ambição, eram projetos que de nada valiam.

Há algum tempo havia percebido que o melhor caminho para chegar ao topo seria por meio da área comercial em sua empresa. Tradicionalmente, a ascensão por essa via era mais rápida. Estava frustrado por ainda trabalhar na área de planejamento, apêndice da área financeira.

Lembrou que João havia comentado que o professor Frank tinha contribuído com a tomada de decisão do colega. "Realmente o mestre é fera. A maneira como conduz o indivíduo a tirar conclusões com base nos próprios recursos internos é admirável", refletiu.

VIDA DE PROPÓSITO

Caio se organizou para encontrar com o professor durante a semana de férias que tinha programado para resolver algumas questões antes do ano virar. Voltar à universidade e entrar no escritório do mestre lhe trariam boas e más lembranças. Foram tempos difíceis regados com pequenos acontecimentos alegres, nos quais Caio sempre buscou se provar.

— Professor Frank, há quanto tempo! Quero agradecer por me receber no apagar das luzes desse ano — falou.

— Ora, é sempre muito bom rever amigos! E se meu amigo foi meu aluno é melhor ainda. Motiva-me a continuar minha missão. Em que posso ajudá-lo? — O professor o saudou com alegria, indo ao seu encontro na porta de sua sala.

Um dos motivos de Caio respeitar sobremaneira o professor era a facilidade com que se comunicava com as pessoas. Reconhecia o estilo que cada um preferia para se inter-relacionar com os outros e criava intimidade rapidamente, mesmo com alguns tropeços no português e com leve sotaque.

— Mestre, mais uma vez preciso de ajuda — falou com ar de desapontamento. — Estou incomodado por estar trabalhando numa área que não é tão valorizada na organização. Acho que não conseguirei ser percebido nesta área ou ter meu trabalho reconhecido ao ponto de crescer rapidamente. Sei que a área comercial é a melhor opção neste caso. — Caio começou a relatar o que acontecia em sua vida profissional.

— Você quer dizer que não está satisfeito com o rumo da sua carreira até o momento? Que se continuar onde está não terá seu objetivo alcançado? Caio, qual é o seu grande objetivo? — O professor gostava de esmiuçar o assunto até encontrar o cerne da questão.

— Mestre, minha vontade é chegar ao topo. — Caio foi direto.

— Entendo. Você sabe que quando temos nossa vontade atendida rapidamente logo surge outra, certo? —provocou.

— Não entendi mestre — disse Caio.

— Ok, vou explicar melhor. Acreditamos que o trabalho contribui para alcançarmos a tão sonhada felicidade. Alcançar essa plenitude depende do tipo de felicidade que buscamos. Aparentemente, quanto mais material, mais rápida poderá ser alcançada, e poderemos passar para o próximo desejo. Quanto menos material, mais pleno poderemos nos sentir quando a alcançarmos. Entendeu, Caio?

— Entendi que quanto mais rápido alcançar meu objetivo logo vou inventar outro para realizar. É isso? — Caio colocou o entendimento que teve.

— Pode ser, essa é a sua interpretação sobre o que eu disse. Existem outras mais. Para vivência de cada um, uma dedução, um ponto de vista. Dependendo do esforço exercido para chegar onde se quer, cada um dará o devido valor à meta alcançada — refletiu em voz alta o mestre. — Todavia, não estamos falando só de meta. Ela em si não motiva a longo prazo, mesmo porque se é meta, é atingível. Um dia você chega lá e estará pronto para morrer, certo? — Abriu um sorriso irônico.

O velho professor queria despertar em seu pupilo uma questão essencial e profunda na vida das pessoas. Algo que provavelmente é o fator de muita ansiedade e, talvez, infelicidade nos dias de hoje. Ele pregava que as pessoas entendiam que ao atingir suas metas elas estariam felizes e realizadas. No entanto, no percurso até a conquista do objetivo, elas não eram felizes, ou não se divertiam, ou não curtiam a viagem. A tão sonhada plenitude só seria alcançada ao se conquistar o grande *target*. Quanto mais longo for o prazo entre o indivíduo e o dueto "projeto e objetivo", mais tempo a tão deseja realização leva para chegar.

Em sua vida, ele aprendeu que idealizar objetivos mais utópicos, sonhos não materiais, obrigava a pessoa a se conectar com os detalhes do dia a dia e curto prazo, entrando em contato maior com o hoje, reduzindo assim um dos maiores males da condição humana que é a ansiedade pelo que vem depois.

VIDA DE PROPÓSITO

O mestre continuou com a provocação:

— Parece-me que a questão que se esconde atrás de chegar ao topo é o foco de sua infelicidade. Não existe uma questão fechada sobre o tema. O que estou especulando com você é o fruto de minha vivência e você terá a oportunidade de concluir sua tese por você mesmo — falou sério. — Gosto de acreditar que somos movidos por sonhos. Na verdade, somos uma versão bem reprimida, reduzida, cheia de filtros e medos do que fomos na infância. Se você não entendeu isso, decore — ordenou.

— Crianças sonham!

— Relaxa, meu jovem. — O mestre sentiu que Caio estava tenso com suas colocações.

— Suas questões são as mesmas de toda torcida do Flamengo e do Corinthians juntas elevadas ao cubo. Essa é a evolução humana de uma existência em movimento. — Agora, mais sério, o mestre concluía.

— Procure separar meta ou objetivo de sonho ou visão. A primeira é fundamental, ela está a serviço da segunda. Ter somente a meta de chegar ao topo não serve a uma causa bacana. Não fica em pé a longo prazo, ok? — O professor arregalou os olhos para Caio, tentando ser didático. — Muitas pequenas metas devem estar a serviço de uma causa. Grande causa? Não necessariamente. Custa o mesmo sonhar grande ou pequeno, todavia a causa ou sonho é seu — disse o velho homem.

— É... Parece que descobri algo sutilmente importante. — Suspirou Caio com olhar penetrante na direção da janela.

— Agora que temos quase entendido o conceito do que é "felicidade"... — Sorriu o mestre. — Vamos trabalhar com a sua meta: como chegar ao topo? — O professor complementou a consideração de Caio em tom de brincadeira.

Os dois estavam sentados de frente um para o outro e trocaram olhares de concordância. Na mente de Caio surgiram pensamentos que, até então, não faziam parte do repertório que o levou a presença do mestre: sonhos, visões, desejos, vontades, felicidade no trabalho...

"A observação do professor faz total sentido. A importância de ter esses conceitos em mente era o que me faltava", matutou Caio.

— Muito bem, Caio. Como vai seu *networking* com a famigerada área comercial? — O professor perguntou.

— Bem, sei quem é o gerente comercial e seu estilo, mas temos uma relação distante, o contato se restringe a e-mails copiados e "oi" em algumas reuniões. Não o conheço bem pessoalmente — respondeu Caio.

— Já é um começo. Qual sua contribuição para a área comercial? — indagou despretensiosamente o mestre.

— Como assim? — Caio franziu a testa.

— O que você pode fazer, introduzir, mudar ou sugerir nas práticas comerciais que possam melhorar os resultados deles? — colocou de forma assertiva o professor.

— Com minha experiência em planejamento, várias ideias — replicou Caio.

— Ótimo! Faça uma lista dessas suas potenciais ofertas — explicou o professor.

— Quais são as prioridades da área comercial? Ou melhor, quais são as prioridades do diretor da área? — perguntou o mestre.

— Essa não sei! — respondeu Caio com certo desânimo.

— Essa é a resposta de um milhão de dólares na construção e gestão de uma rede de relacionamento, meu jovem. É o que seu interlocutor precisa e que talvez você possa contribuir. Essa é a meta, muitas vezes quase uma utopia. Ganha quem chega mais perto do alvo. *Networking* não é uma panaceia de contatos superficiais que acabam em oba-oba. É um processo estratégico que visa, em primeira instância, atender à necessidade do outro por meio de trocas, que normalmente são ideias, sugestões, indicações, observações... Quem tem uma boa rede de relacionamento é porque faz boas trocas e sempre escuta o interlocutor. É sustentável no tempo, é saudável e prazerosa — explicou o mestre.

— Nossa, mestre, esse *networking* exigirá de mim um bocado de mudanças comportamentais — desabafou Caio.

— Esse é um caminho. Você poderá encontrar outros, com certeza. Como eu disse, é apenas minha perspectiva, mas talvez possa ajudar. — O professor foi claro com Caio.

— Professor Frank, o senhor realmente faz a diferença — Caio agradeceu ao mestre, emocionado.

— Lembre-se, meu filho: atingir sua meta de chegar ao topo, fazendo um bom trabalho, com dedicação e apoiado por um consistente *networking*, você consegue. — Pausou brevemente. — A questão de uma vida, que será seu dever de casa, está relacionada à felicidade. Que significado tem todo esse trabalho? Está a serviço de que causa? Qual seu sonho? Sem isso você corre o risco de chegar à minha idade e descobrir que não valeu à pena — concluiu o mestre com um olhar que deixou Caio sacudido.

Despediram-se com um forte abraço e Caio sentiu-se em outro patamar para empreender seu futuro. Era uma sensação de alívio e peso ao mesmo tempo.

"Qual o meu sonho?", perguntou-se ao olhar para as estrelas, na rampa a caminho do metrô, naquela noite úmida de dezembro.

:

PERGUNTAS PARA REFLEXÃO
Utilize o espaço abaixo para registrar anotações pessoais.

P Aprendemos a construir nosso futuro a partir das etapas que encaramos e experimentamos no presente, no dia a dia. Acompanhando a colocação do professor, tente inverter o jogo! A partir de um futuro ou sonho desejado, quais as etapas que fazem sentido hoje?

CAPÍTULO 23

Objetivos alcançados e a alcançar: o ímpeto empreendedor — janeiro de 2007

João finalmente concluiu a abertura de seu negócio, a Get2gether Prestadora de Serviços. A empresa focava nos serviços a estrangeiros que chegavam para trabalhar no Rio de Janeiro. A ideia era ambientar essas pessoas de maneira rápida e agradável à cultura do país em que, na maioria das vezes, estavam morando pela primeira vez.

Desde o começo, estavam operantes nos serviços básicos, como corretores de imóveis especializados, despachantes e advogados para processos de emissão de vistos, serviços gerais domésticos, palestras temáticas sobre turismo, seminários sobre cultura, geografia e história do Rio, bem como grupos de aprendizagem de português e grupo de estudo para cônjuges. Tudo isso envolvendo um portal que multiplicava exponencialmente a cada semana o número de membros e comunidades. O objetivo era conectar as pessoas nas diversas esferas da vida cotidiana: social, econômica, financeira, política, familiar...

Em paralelo, João vinha atuando no ramo do entretenimento. Iniciou a formação técnica de recreadores e pedagogos que falavam inglês, construindo uma rede de profissionais que atuariam prestando serviços especializados em casas de festa, festas particulares e creches na zona sul e oeste da cidade.

Seus negócios estavam naquela fase da empresa bebê, no qual é necessário muita atenção, leite e carinho. Estava focado em garantir o leite, por isso seu esforço estava em prospectar clientes que alavancassem o volume.

Com uma certa relutância, João decidiu procurar Cláudia para explorar as possibilidades junto a empresa dela. A empresa de Cláudia era uma grande multinacional que atuava na prestação de serviços de exploração e produção de petróleo. Desta forma, contava com uma vasta população circulante de estrangeiros.

Cláudia ficou muito feliz quando João entrou em contato para que ela conhecesse a empresa dele. Percebeu que ele estava trabalhando arduamente. No momento em que ouviu a sua voz, sentiu o coração bater mais rápido. Sabia o porquê da própria reação e teve de ser cuidadosa para que não ficasse estampado no rosto o que estava acontecendo internamente.

Ao chegar na modesta casa adaptada como escritório de onde João operava seu negócio em Santa Teresa, Cláudia teve a dimensão da loucura que deve ser cuidar do próprio negócio. Seis pessoas numa mesma sala falando ao telefone ao mesmo tempo, com monitores à frente. João estava ao centro, também ao telefone, sorrindo para ela, fazendo um gesto com o dedo, pedindo algo que parecia ser um minuto para finalizar a conversa.

Cláudia achou aquilo fantástico, gente jovem, muita energia e coragem para arrancar um negócio do zero. Ela se sentou numa pequena sala de visitas improvisada na varanda da casa, de onde ela tinha uma vista de cartão postal do relógio da Central do Brasil com a Bahia de Guanabara e a Serra do Mar ao fundo.

Revê-la mexeu com João. O distanciamento que o fim do estudo acadêmico criou fez com que ele percebesse que as mulheres o olhavam com interesse, mas como só conseguia enxergar Cláudia a sua

OBJETIVOS ALCANÇADOS E A ALCANÇAR: O ÍMPETO EMPREENDEDOR — JANEIRO DE 2007

frente, perdeu muitas oportunidades de conhecer mulheres tão ou mais bonitas e interessantes que Cláudia. Até um dia em que Mariana surgiu para uma entrevista de emprego na Get2gether.

Mariana tinha olhos amendoados e cabelos longos, possuía estatura mediana e movia-se com sensualidade. Olhava nos olhos. O tom de voz era suave, mas firme. João sentiu-se atraído imediatamente na época. Mariana portou-se de maneira contida e tímida, percebeu que João a olhava de forma insistente, mas agiu com tranquilidade diante de alguns deslizes dele.

João contratou Mariana pela experiência profissional, mas sua personalidade divertida e pró-ativa também contribuíram. O entusiasmo por Mariana o fez pensar que o fato de não ter contato frequente com Cláudia possibilitava seu interesse por outras mulheres, bem como um excelente plano de fuga da frustração pela falta de Cláudia. Era fato que a distância o mantinha na zona de conforto, mas a realidade era que João não conseguia esquecê-la.

— Cláudia, finalmente! — João deu um forte abraço em Cláudia.

— Estou muito contente por você e pelo sucesso da Get2gether. Li a matéria sobre empreendedorismo e lá estava você. Parabéns! — Cláudia o abraçou novamente com vontade, enquanto pronunciava as palavras de congratulações.

— Ah, Cláudia... Desse jeito fico sem graça. — João se controlou para não agarrar e beijar Cláudia ali mesmo na varanda que funcionava como sala de espera.

É claro que aquela cena não passou despercebida pelo time de João. Todos pararam e olharam o casalzinho se abraçando do lado de fora. E Cláudia chamava muita atenção. Mariana fez bico e tentou disfarçar seu ciúme, pois estava tendo um caso com João. Sem compromisso, só da boca para fora, como eles definiram a relação. Na verdade, estava perdidamente apaixonada por ele, e acreditava que era correspondida.

— Assim que vi a matéria levei para o nosso líder de Recursos Humanos e ele gostou muito do tipo de trabalho que você desenvolve.

— Cláudia queria encontrar um motivo que não levantasse suspeitas a respeito de suas reais intenções com João, pois não confiava que conseguisse controlar suas reações quando estivesse próxima dele. — Conte-me a respeito da Get2gether. Por que escolheu esse nome? — Estava curiosa para saber tudo a respeito de João.

— Meio óbvio para nós! Nosso negócio é conectar, juntar as pessoas, integrá-las ao nosso meio de forma que elas curtam e satisfaçam suas necessidades o máximo possível — contava João com entusiasmo.

Cláudia o observava com atenção. As mãos estavam suando. A espinha se contraía. Estavam muito próximos, agora ao lado da máquina de café.

— Me ensina João, como é tocar esse negócio? Quais os planos de futuro? — Cláudia perguntava duplamente excitada.

— Na verdade, um aprendizado relevante nessa história foi o foco no dia de hoje e um sonho no futuro. Não há espaço para muitos planos. Venho aprendendo que em serviços cada dia é um dia diferente. Acordo cedo e venho para cá e sempre penso nesse dia como se fosse o único que tenho, não o último, mas o único — explicava João agora menos impactado pela presença dela.

— Quando sofria ao me imaginar trabalhando numa empresa tradicional, eu achava que eu queria liberdade, ser dono do meu nariz. Doce ilusão, querida. Hoje estou ligado a isso vinte e quatro horas por dia. Só saio fisicamente no final do dia, minha cabeça fica e, às vezes, até durmo aqui naquele sofá. — João apontou para um velho sofá de couro que ficava atrás de sua mesa.

— A diferença é que amo o que fazemos e, francamente, não sinto cansaço ou grande esforço. E creio que o time também não. Aqui todos são sócios, todos participam de tudo — explicou com grande orgulho o modelo de vínculo que havia desenhado.

Cláudia observava sua gesticulação atentamente. Queria estar mais tempo com João. Gostava de escutá-lo.

João continuou entusiasmado:

OBJETIVOS ALCANÇADOS E A ALCANÇAR: O ÍMPETO EMPREENDEDOR — JANEIRO DE 2007

— Com relação ao futuro, não sei! Estou atento aos clientes e suas demandas. Tenho pensado em parcerias com escolas de negócios, escritórios de advocacia, há muitas oportunidades, mas preciso criar um patamar mínimo de sustentação para voar em outra rotas — sabiamente completou. — Meu sonho é facilitar a vida dos estrangeiros de maneira que se apaixonem por este país, a partir dessa cidade. Isso, *facilitar*, essa é a palavra de meu negócio. — Finalizou sua frase com um sorriso por seu *insight*.

Cláudia sentiu tamanha admiração naquele momento que lágrimas embaçaram seus olhos. João percebeu que Cláudia se emocionou e lhe ofereceu um copo com água.

— Estou encantada! — Cláudia conseguiu pronunciar.

— Obrigada, Cláudia! Imagina.

João sentiu que alguém se aproximava deles e virou-se para visualizar quem era. Era Mariana com dois copinhos de café em uma bandeja e um sorriso de crocodilo no rosto.

As apresentações se deram e João contou para Cláudia que Mariana era seu braço direito na operação. E apresentou Cláudia como uma velha amiga da faculdade. Um quadro que se hipocrisia fosse açúcar, João estaria coberto de formigas.

:

PERGUNTAS PARA REFLEXÃO
Utilize o espaço abaixo para registrar anotações pessoais.

P Montar um negócio próprio exige muita paixão e entrega. Algumas vezes idealizamos essa opção de carreira como saída para maior autonomia e liberdade. Doce ilusão. Faz sentido? Quais pontos que realmente te empurram para essa saída?

P Qual o sonho que você está deixando de sonhar? Não custa nada sonhar!

P Como você poderia empreender corporativamente? Como líder, qual(ais) contexto(s) você poderia criar para seu time empreender internamente?

CAPÍTULO 24

Invasão de privacidade?

João ligou para Leleco, eufórico para contar que a empresa de Cláudia havia contratado os serviços da Get2gether. Leleco ficou muito feliz com a notícia.

— Nota dez! Só posso falar: boa sorte aí, *brother*. Esse é seu caminho — Leleco o encorajou. — Eu queria aproveitar que você ligou e trocar uma ideia contigo, *brother*. O negócio está pegando — comentou Leleco.

Ele aproveitou a oportunidade para conversar com João sobre o que acontecia no estaleiro, especificamente com a área de suprimentos, onde atuava.

— Cara, valeu pela torcida. Conta o que está acontecendo, irmão. — João conhecia o amigo de longa data e sabia que ele precisava ser ouvido.

Era raro Leleco manifestar qualquer tipo de lamentação ou reclamação. Tão pouco pedir ajuda. Sempre procurava demonstrar a paz da vida e jogar as questões para baixo do tapete.

— O estaleiro está fazendo uma parada de desenvolvimento de pessoas. Negócio de bacana, *brother*, preenchi uma parada on-line e participei de testes com gente de fora, um tal de *assessment*, parece que é uma avaliação de perfil. Você conhece essa porra aí? — perguntou Leleco interessado. — Leleco continuou, sem dar tempo de João responder à sua pergunta. — Teve também uma entrevista individual com perguntas difíceis de responder assim de cara. E olha que fui preparado. Mandei bem, fiz o trabalho de casa direitinho. Na próxima semana vai rolar o famoso *feedback* — Leleco resumiu.

João ria internamente das novidades que o amigo acabava de relatar. "Leleco parecia um dinossauro fazendo ressonância magnética", imaginou.

João sentiu que a camuflagem do amigo estava ameaçada de ser descoberta. Leleco era um grande "esconde jogo". Super extrovertido, falante, gozador, desligado, escondendo realmente sua alma sensível e seus temores. Com certeza, toda sua estrutura construída para lidar com o mundo estava ameaçada naquela circunstância.

— Leleco, bem... Você já sabe qual é o objetivo dessas avaliações, certo? — João queria se certificar que Leleco estava realmente entendendo o que estava acontecendo.

— Pô, irmãozinho, saber eu sei. Quero ver se isso vai ter utilidade prática para alguma coisa aqui na empresa — replicou. — Um estaleiro só serve para docagem, novas construções, reparos flutuantes e guardar embarcações, além de outras atividades correlatas. — Leleco parecia desinteressado pelo programa.

— Leleco, que tal você mudar a perspectiva a respeito desses *assessments*? Por que você não aproveita essa oportunidade para se conhecer melhor? Saber quais são suas competências e pontos fortes? Talvez o *feedback* o ajude a desenvolver outras habilidades. — A intenção de João era encorajar Leleco. — Boas ferramentas de *assessment* podem mostrar suas características de forma organizada, seu perfil etc. O *feedback* será útil para você compreender como as pessoas te percebem.

— O objetivo é justamente esse, cara, construir um plano de desenvolvimento individual, pessoal e profissional — concordou Leleco. —

INVASÃO DE PRIVACIDADE?

Mas, brother, nunca se sabe, né? A galera ficou meio assim, preocupada se eles quiserem usar essa parada para fazer uma limpa lá. Você sabe, né? Demitir os mais fracos — complementou rapidamente Leleco.

— Então, amigo, não sou *expert* da área. Que tal ligar para o nosso querido mestre Frank? Ele pode te orientar melhor. Você sabe que ele te adora — aconselhou João.

João sabia que o medo do *assessment,* no caso de Leleco, era a ponta do iceberg. Leleco estava com outros receios, talvez a respeito de seu íntimo reprimido. Tinha medo de ser descoberto.

Assim que falou do mestre, João lembrou imediatamente que precisava ligar para o professor para contar a respeito dos últimos contratos conquistados pela Get2gether.

— Valeu, *brow*! Na hora do almoço ligo para o mestre para combinar um encontro com ele antes do *fodeback*, opa, *feedback.* — Os amigos se despediram.

Leleco tinha grande resistência com relação a questões afetivas e emocionais do ser. Não acreditava que respondendo apenas a algumas questões poderia mapear sua personalidade e características. Quando o amigo sugeriu que desse novo significado ao que estava sendo proposto pela empresa, Leleco percebeu que seu comportamento era radical. E se tinha uma coisa que o incomodava era a teimosia do ser humano. Resistir e recusar-se a saber dos fatos só levaria ao cultivo da ilusão, só demonstrava o quanto uma pessoa poderia se inflexível e obter resultados inadequados ou diferentes do esperado.

Por esse motivo, resolveu ligar para o professor pedindo ajuda.

O professor o atendeu na terceira tentativa que Leleco fez durante o dia. O professor se dedicava a lecionar e prestar consultoria no decorrer do dia, ora estava em sala de aula ora estava em empresas.

Ao ouvir a voz do mestre, Leleco se entusiasmou no cumprimento.

— Professor Frank, como é bom ouvir a voz do senhor! Sinto muita falta das suas aulas, pô. — Leleco foi expansivo como sempre suas colocações.

— Olá, Leleco. Também estou muito feliz em ouvi-lo. O que tem feito, rapaz? Conte-me as novidades.

— Mestre, continuo trabalhando no estaleiro XWP, na área de suprimentos, aqui em Niterói. Gosto do que faço, é um trabalho super estratégico e técnico. O senhor sabe, né, como nessa área de suprimentos são importantes os custos, a qualidade e os prazos — explicou Leleco.

— Mas diga, Leleco. A que devo a honra? Não creio que me ligou para falar que está feliz. — O velho professor foi direto.

— Mestre, é que tem uma parada acontecendo que me deixou um pouco preocupado. A empresa decidiu aplicar nos funcionários um programa de *assessment*.

— Muito interessante. E você já recebeu a devolutiva? — O professor demonstrou interesse no assunto, pois gostava do resultado que esse trabalho, quando bem feito, promovia nas corporações e na vida das pessoas.

— Mestre, ainda não. Sou arredio a esses programas e tenho certa descrença quanto à utilidade dessas paradas meio psicológicas — Leleco expôs o que sentia.

— Entendo, meu jovem. Realmente, se a área de Recursos Humanos ou mesmo o responsável pela equipe não deixar claro ou esclarecer exatamente o objetivo desses programas, as pessoas participam deles com o freio de mão puxado. Podem se sentir desconfiadas e não se envolverem com o projeto. Confiança e transparência são as palavras-chave.

— Legal, mestre. Apenas recebemos um comunicado por e-mail e nos restou seguir as regras.

— Pelo seu discurso, decidi arriscar que esse poderia ser um dos motivos da sua desconfiança. — O professor constatou.

— Minha vontade é fazer esse programa por fazer. Apenas para cumprir tabela, mestre — Leleco desabafou.

- Leleco, pense melhor. Vou colocar o que penso para você refletir a respeito, ok? — disse o professor.

INVASÃO DE PRIVACIDADE?

- Ok, mestre. Vamos nessa! — Leleco se prontificou.

- Muito bem. Na perspectiva da empresa esses programas de *assessments* identificam os padrões de uma equipe e apontam as diferenças de cada um. A ideia é saber quais são os pontos fortes e os que precisam ser desenvolvidos em cada membro do grupo. O que a empresa quer saber é qual o tipo de capital humano está atuando nas diversas áreas da organização

O professor falava com segurança e confiança. Leleco escutava com atenção e percebeu que se alguém tivesse explicado o real motivo do programa, as pessoas teriam menos medo em participar.

— Essas avaliações têm o propósito de melhorar os processos do dia a dia, aumentar a produtividade, aperfeiçoar o relacionamento interpessoal e o das diversas áreas da organização e, claro, diminuir custos de contratação e demissão. Esses testes traçam os perfis dos colaboradores revelando os estilos de liderança, a comunicação, os interesses e as competências, dependendo da ferramenta utilizada. Todos os envolvidos devem se beneficiar com esses investimentos que promovem o autoconhecimento e o desenvolvimento humano. — O mestre expandiu mais ainda a importância do programa que Leleco tinha em mãos.

— Mestre, com esse esclarecimento meu olhar já é outro — Leleco admitiu.

— Do ponto de vista individual, você tem a chance de se conhecer melhor, compreender seu contexto e a percepção das pessoas. Tudo isso dá munição para você traçar um plano de longo prazo, com atividades, cursos e experiências que te completem e te façam evoluir. Por isso que se chama programa de desenvolvimento — completou o mestre. — Você não me perguntou, mas vou acrescentar ainda mais uma consideração — disse o professor em tom bem-humorado.

— Claro, claro mestre. Manda ver. — Leleco sorriu.

— Se a empresa trabalha com esse sistema de gestão, todos são avaliados, treinados e concorrem a vagas com igualdade. Cada um é avaliado pelo real valor percebido, pelo entendimento das forças e quais as competências que necessitam desenvolver. Fortalece o crescimento do indivíduo dentro da empresa. Motiva cada um a atuar no seu melhor porque sabe que não haverá carta marcada, em tese. Contribui para criar uma relação de parceria entre colaborador e empresa — falou o professor com entusiasmo.

— Mestre, captei o que o senhor falou e vou pesquisar mais a respeito. Entendi que não estava com informações adequadas e suficientes para ter uma opinião formada. Agradeço sua paciência e disponibilidade. Sei que seu tempo é precioso. — Leleco já estava começando a ficar empolgado com a possibilidade de se beneficiar com o programa.

— Depois me conte o que aconteceu com seu plano de desenvolvimento individual, sim?

Despediram-se satisfeitos com a conversa.

:

PERGUNTAS PARA REFLEXÃO

Utilize o espaço abaixo para registrar anotações pessoais.

P E você? Como está com seu autoconhecimento? Quais são os seus pontos cegos? O que você precisa saber sobre si mesmo que ainda não sabe?

P Aproveite a chance e faça uma coleta das percepções ao seu redor!

P Experimente perguntar para um colega ou par: "o que eu não percebo sobre o meu comportamento?"

CAPÍTULO 25

Finalmente!

Depois da visita na Get2gether, Cláudia e João passaram a se falar quase diariamente. Cláudia tinha a desculpa de estar defendendo os interesses de sua empresa junto ao prestador de serviços de sua área de Recursos Humanos, apesar de não trabalhar na área. João era o contato para todas as atividades. Ouvir a voz de Cláudia e estar próximo a ela, praticamente todos os dias, deixava João extasiado. A vida parecia estar quase em completa perfeição. Não existiam problemas que o aborrecessem. Mas faltava algo...

Mariana já havia percebido que o interesse por Cláudia era mais do que atender bem ao cliente. Percebeu também que João tinha mudado o tratamento com ela. Não havia mais olhares passeando por seu corpo, os assuntos eram apenas profissionais, sem brincadeiras com segundas intenções, como eram até então. Quanto mais ele a ignorava, mais ela ficava apaixonada. Contudo, uma parte de sua racionalidade atentava para os riscos de continuar a se relacionar sexualmente com o sócio. João era um cara bonito e interessante, difícil de não se apaixonar, todavia, as coisas não eram tão simples. Além de João ser seu sócio, Mariana ainda mantinha uma relação mal resolvida com um ex-namorado, com quem conviveu por quatro anos. De certa forma, estava divida entre uma paixão presente e um amor eterno. Apesar de não ser de sua época, identificava-se coma música *Amor e Sexo*, da Rita Lee. Amor era Paulo, João era sexo.

A proximidade entre João e Cláudia provocou uma intimidade que ia além do profissional aos olhos de todos. Eles se realizavam quando estavam juntos. Marcavam *happy hour* depois do trabalho e conversavam durante horas. Mesmo cansados e com compromissos familiares, faziam de tudo para se encontrarem ou, pelo menos, falar ao telefone.

João não tinha coragem de se abrir para Cláudia. Ainda sentia-se inseguro quando estava perto dela, mesmo depois de todo o amadurecimento e da bandeira que Cláudia dava. Mas dessa vez existia uma diferença da época de estudos: ela fazia questão de se manter fisicamente próxima dele.

João lembrou a conversa que teve com Caio, por telefone. Caio contou que Cláudia havia dito que ela acreditava que João era o cara ideal para ela. A primeira reação de João foi duvidar de Caio. "Por que Cláudia se abriria dessa forma com ele?", pensava João. Caio, por sua vez, não insistiu muito em fazê-lo crer, já havia informado o que João precisava saber para tomar uma atitude.

Se levasse em consideração o que Caio lhe disse à época, muitas atitudes de Cláudia seriam inteligíveis agora. Muitas vezes ela criava contatos provocativos quando encostava os pés embaixo da mesa e toques de mãos mais prolongados e abraços mais apertados. Realmente ela estava se insinuando, e João não queria acreditar que o interesse dela ia além da amizade, mas estar com Cláudia praticamente todos os dias o estava levando à beira da loucura. Tinha medo de colocar tudo a perder.

João sentia que precisava tomar uma decisão. Sabia que qualquer atitude teria impacto futuro em vários aspectos da sua vida. Refletia se aquele era o momento ideal para declarar o que sentia por ela. Eram parceiros de trabalho.

FINALMENTE!

"O que poderia acontecer se contasse para Cláudia quais são meus desejos mais íntimos? Poderia afetar seriamente a relação e talvez perder um de meus clientes cartão de visita?", indagava-se como um adolescente em véspera de prova final.

Por outro lado, nunca esteve tão próximo dela. Ela compartilhava com ele os problemas que tinha com a mãe, que João conhecia por alto quando estudavam juntos. Contava as satisfações e insatisfações no trabalho, o que gostava de fazer nas horas livres. João a ouvia como um bebê embalado em canção de ninar. Talvez não tivesse outra oportunidade como esta novamente.

João sabia que para conquistar seus objetivos devia correr riscos. Mesmo que sua estratégia não fosse a melhor, faria qualquer coisa para estar com Cláudia e viver o que tinha adiado até então, amar a mulher por quem se apaixonou desde o primeiro dia que a viu.

Decidir o que fazer gerou algumas noites sem sono regadas a vinho. Finalmente havia decidido abrir o jogo! Entretanto, isso tinha que ser planejado, algo elaborado, sedutor e romântico, sem chances para ela dizer não ou fugir. A estratégia estava pronta: levá-la para um lugar romântico de difícil escape.

Sair da cidade era uma saída. Levá-la para uma pousada charmosa em Visconde de Mauá era seu plano. Pensou nessa cidade por causa de uma matéria sobre hotéis românticos que havia lido em uma revista. "A ideia era ir para uma ilha isolada, mas isso seria louco demais", pensou.

João ligou para Cláudia com seu coração descompassado.

— Cláudia, eu quero te convidar para passarmos um final de semana em Visconde de Mauá? Que tal? — Destemidamente ele conseguiu falar.

Alguns infinitos segundos de espera e Cláudia disse o tão esperado sim. A vontade de João era beijar o fone do aparelho sem fio de seu escritório, mas conteve-se. Ficaram meio sem jeito e nem acertaram detalhes.

— Então, sexta eu te pego aí às cinco da tarde? — perguntou João.

— Acho que consigo sair às quatro. Seria melhor, não? — Mas logo retomou. — Não! Consigo às três! — retificou Cláudia.

— Claro. Te pego na portaria. Beijos, querida. — E desligou.

Cláudia sentou-se no chão e não acreditou. Ela fez de tudo para parecer natural com o convite dele. Mesmo quando ele pareceu surpreso com seu simples sim. Parecia que estava preparado para uma negativa.

Depois de passar algumas horas de êxtase de debutante em dia de baile, Cláudia idealizou uma pousada afastada do burburinho. Queria estar a sós com ele. Que pudessem tomar café da manhã com vista para um rio e jardim bem cuidado. Talvez uma banheira com hidromassagem. Finalmente iria poder dizer tudo o que vinha entupindo sua chaminé e tatear a tão sonhada felicidade.

Estava curiosa para saber porquê ele havia escolhido Visconde de Mauá. "E ainda temos de esperar até o final de semana", pensou Cláudia ansiosa para o tempo passar rápido.

Ela sabia que nos anos 1970 os hippies denominaram Visconde de Mauá como a cidade do amor e que essa característica ainda se mantinha, mas que a região havia se adequado aos novos tempos e tendências: além de casais, grupos e famílias também buscavam opções de lazer em todas as épocas do ano. Àquela altura nada disso importava realmente, Cláudia estava muito excitada com tudo.

Na manhã de sexta-feira, João já havia preparado tudo: carro, vinho, roupas, perfume, CDs, camisinha etc. E, logo após o almoço, deixou sua empresa aos cuidados de seu time em direção ao centro da cidade para pegar a amada.

Partiriam na hora combinada. João acelerava, mas sabia que era indispensável dirigir com cautela, apesar da ansiedade. Levariam uma hora e quinze minutos para subir de Resende ao destino final. A estrada era íngreme, beirando precipícios e, em alguns pontos, bastante estreita. Existia ainda o perigo da névoa, que podia se intensificar e dificultar a visão.

FINALMENTE!

A pousada que João escolheu se localizava à beira do Rio Preto, em Maringá. O local oferecia conforto e privacidade. Havia reservado um chalé confortável e afastado de outros hóspedes.

Não conversaram muito durante a viagem desde que saíram do centro do Rio. Comentavam as músicas que Cláudia colocava. Recordavam os momentos engraçados e pitorescos da época de faculdade. Falaram de Leleco, Caio e do professor Frank. Mas nada deles próprios, como se nada tivesse acontecido, ou melhor, fosse acontecer. Toda cautela era pouca.

Ao dar uma parada em Penedo para abastecer o carro, seus olhares se cruzaram e aí não teve jeito. Seus corpos se atraíram como ímã e os dois se atracaram dentro do carro. Era muita energia contida, muitos beijos para poucas bocas e línguas. O frentista que atendeu João ficou admirando a cena com inveja! Também ficou receoso das coisas chegarem ao fim de fato ali, bem ao lado da bomba de gasolina. Tinham tudo para explodir o posto.

Ao chegarem na pousada jogaram-se nos braços um do outro e desvendaram todos os mistérios que estavam sufocados há anos. O céu estava estrelado e fazia certo calor para época do ano. Se amaram por boa parte da noite. Alternavam mutuamente carícias e perguntas, um querendo entender o outro por terem demorado tanto a chegar nesse dia. Era ali o momento, na "Sala da Justiça", todo o passado era revivido, banhado ao calor e tesão de muito amor.

— Você era muito esnobe! — brincou João, provocando Cláudia.

— E você, um bocó. Ficava olhando sem parar para os meus seios, e depois me ignorava... — rebatia Cláudia.

Acordaram já na tarde do dia seguinte, esfomeados. Perderam o café da manhã. Saíram da pousada de mãos dadas e escolherem caminhar até encontrar um local tranquilo para comer e conhecer aquele lugar paradisíaco.

O percurso foi feito em silêncio. Ambos irradiavam uma felicidade explicita em gestos e olhares. O cheiro de truta assada os atraiu para um restaurante construído em madeira e com janelas amplas, onde era possível ver o interior. A mesa que escolheram ficava próxima a uma pequena sacada que tinha vista para o Rio Preto e uma floresta natural repleta de pássaros, insetos e borboletas.

No período entre sentarem e o garçom e proprietário do local atendê-los, se atracaram novamente em beijos e abraços, chamando atenção dos outros clientes ao redor. O problema não foi grande porque eram poucos e o garçom se apressou em abordá-los.

Os pedidos foram feitos e João, reflexivo, começou a falar.

— Cláudia, você tem ideia de como esse momento é o mais incrível da minha vida? — João tinha a voz embargada.

— João... — Cláudia arriscou falar.

— Por favor, Cláudia, eu preciso falar tudo o que deixei de dizer quando deveria. Mas, antes, quero dizer que a noite de ontem foi a mais incrível da minha vida — João confessava como um Adão não arrependido de comer a maçã.

Cláudia sorriu e acariciou as mãos de João, com lágrimas nos olhos, lamentando o tempo perdido.

— Cláudia, quero que você saiba que o que sinto por você começou no dia que a vi pela primeira vez — continuou. — Muitas vezes quis contar, mas fui medroso. Não me pergunte por que deixei chegar tão longe. Toda vez que olho para você eu vejo algo novo. Depois da noite de ontem, tenho vontade de me socar. Quanto tempo perdido! — lamentou. — Você saindo com outros caras. Eu tinha vontade de te raptar nesses momentos e sumir com eles — João disparou a falar.

A cada palavra pronunciada por João, ora Cláudia arregalava os olhos, ora ria.

— Nunca comentei com Leleco ou Caio por puro medo de que eles comentassem contigo. Às vezes perguntavam se eu sentia alguma coisa a mais por você e eu disfarçava. Não conseguia responder. Tanta coisa que eu não disse e não fiz. Como fui bobo! Inseguro! — João se penitenciou. — Hoje compreendo claramente como a minha insegurança corroeu alguns anos de minha vida. Não dá para desvendar como seria sem ela. Só sei que profissionalmente tive sorte em chegar aonde cheguei e estar aqui com você. Mas fiquei à deriva da sorte ou, talvez, do destino. Levei anos para aceitar que esse medo de errar e querer, ao mesmo tempo, ser reconhecido poderiam ser trabalhados de forma que eu fosse mais senhor de mim mesmo, mais forte e correr mais riscos. Nas minhas contas estamos aqui com um atraso de seis anos!

Cláudia estava se sentindo nas nuvens com as palavras de João e ao mesmo tempo aflita com o sofrimento que via em seus olhos. Mesmo assim, deixou que ele expurgasse o que queria.

— João, meu lindo. Ouvi bastante o que você tinha para dizer. Concordo com algumas considerações. Realmente você poderia ter feito algum movimento. O máximo que você teria como reposta seria um não. O que importa agora é que estamos juntos, aqui e agora. Vamos deixar para trás o que está lá. Não temos como mudar o que aconteceu. Pensemos daqui para frente, certo? — Cláudia se sentia leve e tranquila e, como era o seu jeito, bola para frente.

João puxou Cláudia para si e trocaram beijos, agora mais suavemente, até o momento da comida chegar à mesa.

:

PERGUNTAS PARA REFLEXÃO
Utilize o espaço abaixo para registrar anotações pessoais.

P Esse capítulo é dedicado aos amantes! Talvez não haja o que refletir sobre aquilo que está escrito para o futuro, nem lamentar pelo passado... Talvez seja no presente que temos chances de dizer, atuar, fazer ou reconhecer aquilo que somos e o que nos empurra e nos segura. Pelo que e por quem você se arriscaria?

CAPÍTULO 26

A teoria em prática

Caio colocou em prática a campanha de *networking* interno. Traçou um plano estratégico para abordar a área que queria se aproximar: a comercial.

Antes de marcar um encontro com o gerente comercial, o primeiro passo foi conversar com outros gestores da empresa, de forma a ampliar seu diagnóstico sobre os planos futuros do negócio, além de dar sinais diferenciados de seu interesse e atitude. Ele entendeu direitinho o recado do velho mestre: "As pessoas na organização possuem nossas fotos, representando o que somos. Você precisa trazer para a mesa novas fotos, do que você é e gostaria de ser. É assim que formam a percepção ao nosso respeito".

Seu primeiro *target* foi o gerente de recursos humanos. Queria trocar ideias a respeito de gestão de carreira e quais eram as metas da empresa para os próximos anos, testar algumas premissas e, principalmente, escutar.

Rodrigo gostou do convite que Caio fez para conversarem. Reuniram-se no próprio escritório, tomando um cafezinho na sala de Rodrigo, no final do expediente.

— Caio, muito legal a sua iniciativa para trocarmos ideias a respeito de gestão de carreira — Rodrigo falou já compreendendo o todo da conversa.

— Gostaria de agradecer por ceder seu tempo e atenção. Estou interessado em crescer na empresa e, principalmente, atuar na área onde posso empregar meu conhecimento, habilidades e atitudes, gerando os melhores resultados. — Caio foi com o discurso preparado.

Outra parte do dever de casa de Caio era entender o contexto da área comercial. Ele fez uma grande pesquisa e estudou os pontos que estavam disponíveis sobre a empresa e de sua cadeia de valor. Compreendeu o posicionamento do negócio frente aos concorrentes, preço, participação no mercado, propaganda e imagem. Analisou o processo de distribuição e os principais gargalos. Leu sobre tendências do setor e, principalmente, os indicadores de pesquisas especializadas que a empresa comprava regularmente. Sentia-se forte e pronto para aprofundar o entendimento do negócio por meio de perguntas que ainda não tinham respostas.

— Muito bem, Caio. A gestão da carreira hoje em dia é uma prática de organizações de ponta que estão estruturadas e desenvolvem ações alinhadas aos macro-objetivos empresarias — disse Rodrigo.

— Tenho pesquisado a respeito, Rodrigo. Entendi que os profissionais devem planejar as próprias carreiras, com definição de objetivos claros e capacitação para atingir as metas estabelecidas. Paralelamente, as empresas devem identificar as características necessárias nos profissionais para alcançar os resultados previstos, considerando aspectos de perfil pessoal e competências, além, claro, de implementar ações de planejamento e direcionamento do potencial do *pipeline*. — Caio sentia-se menos ansioso nesse momento.

— Você está no caminho certo. Preste atenção que a empresa espera obter determinado nível de contribuição do profissional para dar resultados aos *stakeholders*[4]. A empresa pode oferecer contrapartidas

---

[4] Todos os interessados: sócios, fornecedores, clientes, funcionários etc.

desde que perceba o crescimento e amadurecimento do profissional.
— Rodrigo era especialista na área em que atuava.

Caio estava se sentido cada vez mais integrado na conversa. Rodrigo estava participativo e tinha interesse nos comentários de Caio.

— Com base nesses princípios, eu gostaria de compartilhar com você qual é o meu plano de desenvolvimento, nesse momento. Não sei se terei chance ou se serei escolhido, muito menos se existe uma oportunidade. Só sei que quero estar pronto. Nesse caso, venho trabalhando com o conceito de prontidão.

— Interessante Caio, fale mais. Para que você quer estar pronto? — Rodrigo foi direto ao ponto.

— Fazer uma transição para a área comercial. — Caio sentiu o coração acelerar, pois sabia que estava expondo-se de maneira irreversível.

— Imaginei que você tinha algo em mente. Responda sinceramente, por que a área comercial? — Rodrigo queria jogar limpo e claro.

Caio tinha se preparado para responder aquela pergunta. Mesmo assim, ainda tinha dúvidas se deveria contar efetivamente o real motivo. Há algum tempo teria respondido por que queria ser o CEO e o caminho mais rápido seria a área comercial. Demonstraria assim toda sua imaturidade egocêntrica.

"Onde estou atualmente não tenho visibilidade. Creio que tudo que tinha a aprender foi aprendido. Quero continuar com a sensação de pertencimento à organização. Tenho necessidade de crescimento profissional. Se continuar onde estou, posso estagnar ou me sentir desmotivado. Talvez já me sinta assim. Por isso decidi conversar contigo", tudo isso passou por sua cabeça em frações de segundo, mas ele sabia que essa não era a conversa planejada, sedutora. Essa era uma conversa que interessava somente a ele, Caio. A resposta para Rodrigo tinha que conjugar ambos os interesses. Caio partiu para resposta certa.

— Venho aprendendo pelas áreas que passei os seguintes pontos... — Caio descreveu os principais aprendizados e suas correlações em apoiar a área comercial. — Tenho ideias e contribuições para melhorarmos a performance de nossos negócios. E quero crescer junto com eles — complementou Caio aliviado, acreditando que concluiu racionalmente.

— Fantástico, Caio! Muito bacana saber de tudo isso. Acho que você vai conquistar seus planos rapidamente. Se você me permite, tenho algumas dicas — empolgou-se Rodrigo.

— Com certeza você possui um objetivo maior, mas vamos começar por esse que você mencionou. Trabalhe em seu plano de ação porque você ganhará tempo e poderá atingir metas de maneira mais organizada, eficiente e eficaz. Elabore uma estratégia de marketing individual, pessoal. Venda seu produto, ou seja, você. — Rodrigo foi claro.

— Compreendo. Tenho me preparado para essa importante ação da minha carreira. — Caio informou com gratidão, mesmo sabendo que Rodrigo estava atrasado a respeito de seu plano.

— Caio, a sua carreira pertence a você. Você é o protagonista da sua vida. Quem precisa estar no comando profissional e pessoal, claro, é você. Identifique efetivamente quais são suas habilidades e interesses, para que defina o rumo da sua carreira. Adquira o conhecimento necessário para alcançar metas. — Rodrigo foi específico.

— Entendi, Rodrigo. Mais uma vez agradeço toda ajuda. Gostaria que continuássemos a manter contato. — Caio se sentiu apoiado.

— Caio, eu poderia conversar com a turma da área comercial a seu respeito? — perguntou Rodrigo quando Caio já estava com um pé fora de sua sala.

— Claro, fique à vontade. — Caio sorriu internamente. Era isso que ele queria. Era isso que era *networking*. Funcionou! O velho mestre tinha razão. As novas fotos já estavam circulando!

:

A TEORIA EM PRÁTICA

PERGUNTAS PARA REFLEXÃO
Utilize o espaço abaixo para registrar anotações pessoais.

P Cuidar de uma rede de relacionamento (*networking*) é uma arte e dá trabalho. Quando se trata de um objetivo específico ou de simplesmente ampliar essa rede, as coisas precisam ser bem planejadas. Avaliações, pesquisas e conversas de diagnóstico são pré-requisitos básicos. Todavia, a perspectiva que motiva e nos dá significado em fazer tudo isso reside em tirar o olhar do próprio umbigo e focar nas necessidades do outro. O Eu *versus* o Outro. Essa afirmação faz sentido para você?

P *Networking* é uma competência social, imprescindível nos nossos dias. Como você pode acelerar, de forma sustentável, o desenvolvimento da sua rede de contatos?

CAPÍTULO 27

A vida que pede espaço para vida

Nove meses se passaram depois do fim de semana que João e Cláudia se amaram em Visconde de Mauá, às escondidas. Ficava cada vez mais difícil ocultar o que estava rolando entre eles. A maneira que se olhavam, o contato físico que trocavam e o tom das palavras que escolhiam para falar entre si os denunciava. Os colegas de Cláudia notaram que a relação deles ia além de amigos de longa data.

Caio e Leleco, que já desconfiavam da atração mútua entre João e Cláudia, tiveram certeza que eles tinham se acertado no encontro trimestral do grupo. Não conseguiam se manter longe, completavam as frases um do outro e os olhares de carinho eram constantes.

Os amigos não comentaram nada durante o encontro, e João e Cláudia também não se pronunciaram, formalizando a relação. Leleco bem que tentou:

— E aí? E vocês? — Leleco jogou a isca.

— Nós? Tá tudo ótimo, muito trabalho, muita coisa legal acontecendo — João respondeu de forma bem curta enquanto Cláudia já introduzia um comentário sobre Caio.

No final da noite todos se despediram e cada um permaneceu com os próprios pensamentos. Caio ligou para Leleco logo ao entrar em seu carro:

— E aí, Leleco? Que porra tá rolando? Não entendi direito aquele casalzinho. — Caio lançou as dúvidas no amigo.

Caio não compreendia porque João e Cláudia não assumiam que estavam juntos. "O que acontece nos bastidores daquela relação que precisava ser escondida, inclusive dos amigos mais chegados?", pensou.

Caio sabia que João tinha veneração por Cláudia, mas sentiu certa apreensão da parte de João. Muito sutil. Caio notou que João estava mais silencioso do que o de costume.

Leleco teve a nítida impressão de que João e Cláudia se sentiam muito felizes juntos. Cláudia, inclusive, se continha menos que João nas demonstrações de afeto. Leleco imaginou que seria o contrário, pois a empolgação da voz de João quando ele lhe contou o que aconteceu no final de semana em Visconde de Mauá era de se imaginar que João estivesse levitando. Para Leleco, parecia que João se reservava.

A impressão que João deixou para os amigos é que estava visivelmente feliz, mas parecia cuidadoso ou, talvez, preocupado com algo.

— *Brother*, também achei estranho. Achei que eles iriam falar até de casório, filhos e essas paradas, você sabe, né? — afirmou Leleco para Caio, meio inseguro.

— Esquisito, Leleco. Não sei, mas tem algo estranho. Amanhã vou ligar para a Cláudia. — Caio se despediu de Leleco e desligou o celular afundado em pensamentos.

Quando Cláudia viu o nome do amigo no celular, não foi nenhuma surpresa. Caio devia ter percebido que algo estava diferente entre ela e João.

— Olá, Caio. Tudo bem? Sabia que você ligaria — Cláudia iniciou a conversa com graça.

— Ah, você sabia. Não consigo imaginar a razão. — Caio gostava de provocar Cláudia. Ele gostava do bom humor dela.

A VIDA QUE PEDE ESPAÇO PARA VIDA

— Tudo indica que você e João estão em franca lua de mel. — Caio desenvolveu a conversa ainda em tom de brincadeira.

— Você podia imaginar que eu e João, um dia, estaríamos juntos? Estou tão radiante — Cláudia abriu o coração com o amigo.

— Cláudia, realmente eu não acreditaria. Só passei a crer que poderia ser possível quando você me disse que João poderia ser o cara ideal para você — Caio confessou para Cláudia.

— Namorei e fiquei com caras que eu acreditava que eram perfeitos para mim. Com os quais eu pretendia casar — disse Cláudia.

— Entendi. Então você e João estão com a data do casamento marcada? — Caio provocou Cláudia.

— Por mim, eu casaria com ele amanhã mesmo. — Cláudia estava no auge da felicidade.

— Imagino que João também está tão empolgado como você... — elucubrou Caio.

— Bem, você sabe que o João é muito na dele. É tão na dele que levou anos para tomar coragem e me convidar para viajarmos juntos e declarar o que sentia por mim — respondeu Cláudia.

Cláudia não estava muito segura para afirmar que João também queria casar com tamanha velocidade.

— Sei. Vocês já conversaram a respeito? — Caio queria confirmar a impressão que teve quando do encontro entre eles.

— Eu já insinuei algumas vezes. João sorri e disfarça. Como a grande maioria dos homens, foge do assunto — Cláudia contou.

— É uma decisão que implica em diversas mudanças na vida de ambos, Cláudia. No primeiro momento, se não é a prioridade de vida do cara, soa muito assustador — Caio explicou.

Ele sabia muito bem o que era ser pressionado pela mulher com quem estava se relacionando para que morassem juntos.

— Caio, você acha que estou assustando o João? — Cláudia se sentiu mal ao perguntar.

— Bom, espero que não seja o caso de vocês. Pelo que você contou, o João sempre foi apaixonado por você. É natural que tenha planos futuros que incluam o casamento contigo. — Caio tentou fugir de uma resposta mais direta.

— Não quero sufocá-lo com minhas expectativas com relação ao futuro do nosso relacionamento. — Cláudia se preocupou pela primeira vez naquela conversa.

— Cláudia, não quero jogar um balde de água fria. Apenas cuidado com a pressão que você pode estar fazendo com o cara, ok? — Caio não se conteve e preferiu falar o que achava.

— Ai, Caio, não me assuste. — Cláudia sentia os olhos úmidos.

— Não sofra por antecipação. Aguarde os acontecimentos. Faça sua parte e o resto acontecerá. Preciso ir agora. Nos falamos em breve, ok? Beijo. — Caio confirmou suas impressões naquele instante e decidiu terminar a conversa.

— Tá bom. Beijo. — Cláudia desligou e ficou reflexiva.

Cláudia sempre foi segura, decidida e forte, mas olhar sua relação com João por aquela perspectiva a colocou numa posição de vulnerabilidade. Cláudia acordava ao lado de João pelo menos quatro vezes por semana, jantavam juntos todos os dias e ligava para ele dez vezes por dia, aproximadamente. Fazia planos, sonhava, desenhava viagens, falava do apartamento novo, filhos no futuro etc. Mas não lembrava se falou explicitamente de casamento. Sentou-se na escada de incêndio de seu prédio no centro da cidade e refletiu sobre aquilo tudo desencadeado pelo telefonema de Caio.

Antes de Leleco agir, João tomou a iniciativa de ligar para o amigo. Precisava conversar e colocar as ideias em ordem.

— Leleco, tudo bem? Você tem um tempo para conversarmos no final do dia de hoje? — João foi direto ao ponto.

— *Brother*, pode ser depois das 19 horas? — Leleco sugeriu.

A VIDA QUE PEDE ESPAÇO PARA VIDA

— Qualquer hora, irmão — João disse.

Encontraram-se no velho e bom boteco no Humaitá, mesmo depois de João sair da casa de sua mãe e mudar para Laranjeiras. João já estava na mesa de sempre e ficou feliz com a chegada de Leleco.

— Irmãozinho, já sei que tem alguma coisa te preocupando. — Leleco foi direto.

— Tem, cara. Tem sim. — João parecia ansioso e estava inquieto. Já estava no segundo chope.

— Então me conta logo. — Leleco pediu um chope para Torrão.

— Não sei o que fazer com a Cláudia — João confessou de supetão.

— Como assim, *brother*? Ela não é a mulher da sua vida? O que aconteceu? — questionou incisivamente.

Leleco ficou surpreso, pois gostava muito dos dois e não queria vê-los tristes um com o outro.

— Cara, eu amo a Cláudia. Ela é uma mulher incrível. Linda, inteligente, bem-humorada. Nossa, é tudo o que eu acreditava que era. Acontece... — João não conseguia expor o que sentia.

— Cláudia é tudo isso mesmo, João. Acontece o quê? — Leleco estava curioso.

— Cara, tem hora que ela me sufoca. Não consigo nem pensar. Ela decide tudo. Quando vejo já estamos indo para onde ela quer. Ao chegar lá, ela já começa a desenhar o passo seguinte. *Brother*, é impressionante. Eu não tinha percebido isso antes — João desabafou um pouco mais.

— Entendo... — balbuciou Leleco com olhar surpreso.

— Quero ficar com ela, mas não estou sabendo como falar e dar uma freada nela — completou João. — Ela quer casar — confessou, talvez o principal ponto de seu desespero.

— Pô, cara, a grande maioria quer. Ela não seria diferente. — Leleco sentiu vontade de rir, mas se conteve em respeito à situação.

— Eu sei, Leleco. Eu sei. Mas eu não quero. Pelo menos, não nesse momento. A Cláudia tem me pressionado com esse desejo diariamente, sem ser explícita. O mais interessante é que sempre imaginei que casaria com ela. Fazia planos de nos juntarmos e ter filhos... — João falava e se sentia agitado enquanto contava o que acontecia em sua mente.

— Cara, você está complicando demais as coisas. Se você tem os mesmo planos que os dela, qual é o problema? — Leleco tinha dificuldade para entender o amigo.

— Não estou complicando nada. É uma decisão muito séria, Leleco. Vou ter que mudar tudo o que planejei. Não tinha mais esperança de me relacionar com a Cláudia e, de repente, da noite para o dia, tudo foi possível — João explicava, mas muito confuso.

— Aí, *brother*, você vai ter que se explicar melhor. Essa história está muito mal contada. Você queria ou não queria casar com a Cláudia, afinal? — Leleco queria ajudar, mas não sabia como.

— Você está certo. Preciso ser mais claro mesmo. Muito bem. Eu não quero me casar nesse momento da minha vida — João conseguiu proferir seu desejo. — Estou construindo muita coisa no âmbito profissional. Demorei a decidir o que queria fazer e sei que se eu casar agora posso colocar tudo a perder: minha empresa e o casamento. Não quero ter Cláudia me consumindo, precisando de mim até que a empresa deslanche. Ela não merece isso. Talvez seja melhor dar um tempo — João foi o mais claro possível. Até para si mesmo.

— Nossa, camarada, a Cláudia desconfia dessa sua posição? — Leleco perguntou percebendo que o amigo já estava decidido.

— Creio que sim. Quer dizer, não tenho certeza. Toda vez que ela toca no assunto, eu mudo o rumo da conversa. Ela sabe que não quero falar a respeito, mas não sabe a respeito da minha decisão. Até agora nem eu sabia, para falar a verdade. Foi nossa conversa que definiu o que é o melhor a fazer — João confessou.

— Bom, o melhor, pelo menos, para você. — Leleco esticou o braço e pediu mais dois chopes. Os amigos tomaram mais um chope e partiram para as próprias casas.

Leleco realmente havia percebido que João não estava no seu normal. Agora parecia compreender o porquê.

Depois da conversa com Caio, Cláudia decidiu diminuir um pouco a pressão em cima de João. Tentava conversar sobre amenidades, o que acontecia pelo mundo afora, brincava de casinha em alguns fins de semana. Apesar de ter mudado de atitude, percebia que João estava apreensivo. Parecia querer dizer alguma coisa, mas não conseguia tomar a iniciativa.

Ao ser questionado, João falava que estava preocupado com questões da Get2gether. Nada importante para dividir com ela. E assim foram passando os meses...

Cláudia estava ficando perturbada com aquela sensação de vida mal resolvida. Decidiu tomar as rédeas nas mãos e preparou um jantar especial para terem uma conversa esclarecedora. Não definitiva.

Desde que havia saído do domínio da mãe, os encontros entre João e Cláudia alternavam entre o apartamento dele em Laranjeiras e o dela no Jardim Botânico. Quando João chegou a casa dela notou que algo estava diferente no ar.

— Fiz um jantar especial hoje. Sei que você vai adorar. Preparei aquela batata gratinada com roquefort que você adora — Cláudia contou.

— Que delícia, querida. Já estou sentindo o cheiro do queijo — João respondeu e abraçou Cláudia com carinho, beijando-a.

Estavam juntos há mais de um ano e meio e tinham a rotina semelhante à maioria dos casais com esse tempo de namoro: depois de mais um dia de trabalho se encontravam, relaxavam com um banho a dois, namoravam e às vezes assistiam a um filme na TV a cabo ou DVD.

Naquele dia, quando João entrou no apartamento a sala estava na penumbra com velas distribuídas pelos cômodos. Havia um perfume suave na casa.

"Mais uma surpresa!", pensou João.

Ao mesmo tempo em que João se sentiu feliz por receber tanto carinho de Cláudia, entendeu que não poderia dar continuidade ao relacionamento sabendo que, naquele momento, não teriam um futuro juntos.

Após o jantar João foi surpreendido por Cláudia. Ela deu início à conversa que ele queria evitar.

— João, esse jantar, que preparei com todo carinho, teve a intenção de criar um clima de mais intimidade para trazer à tona um assunto ao qual nós temos evitado: casamento. Você sabe que eu quero casar com você? — Cláudia reuniu toda coragem e maturidade que conseguiu para dar início à conversa. — Entretanto, francamente, sinto que não é isso que você quer. Estou certa? — Cláudia foi direta.

— Eu estava pensando exatamente o mesmo. O que me impedia de falar a respeito de casamento contigo é que minha escolha não é a mesma que a sua. Sinto muito, Cláudia, mas não quero me casar agora — disse. — Amo você e não sei como resolver essa parada — João finalmente conseguiu dizer o que pensava a respeito de casar-se.

— João... — Cláudia queria argumentar, mas João continuou falando.

— Quer dizer, ainda não sei dizer se não quero casar agora ou quando eu planejo fazer isso. Sinto-me sufocado desse jeito. Mas, especificamente neste momento, onde estou construindo uma empresa... Não consigo me enxergar casado — completou ele.

Naquele momento os cristais de Cláudia se quebraram. O sentir-se sufocado era uma flecha em seu coração. Ela se sentiu culpada e desolada.

— João, não entendi. Sei que posso estar precipitando as coisas, mas até quando vamos continuar tendo duas casas e trabalhando 24 horas por dia? Você não tem vontade de construir uma família? — perguntou Cláudia tentando organizar os pensamentos.

— Ah, querida, eu não acredito que sou capaz de manter tamanhas responsabilidades ao mesmo tempo. Enquanto cada um está na sua casa, é uma coisa. Morando juntos as obrigações serão outras. Talvez eu possa me arrepender no futuro do que estou decidindo agora, mas não posso planejar um futuro imediato com você e também não quero que você deixe de realizar seu sonho por minha causa. — João tinha a fala emocionada e começou a chorar.

Ele sentia que pela primeira vez estava sendo corajoso em suas afirmações, mas para falar coisas que jamais imaginaria falar para uma pessoa que amava tanto.

— O que você está querendo dizer? O que você propõe? — Cláudia sentiu os olhos marejarem enquanto indagava João.

— Cláudia, sei que o que sinto por você não sentirei por mais ninguém, nunca. — João falou, enxugando as lágrimas. — Por esse motivo não posso te magoar por muito tempo. Talvez eu mude de ideia, mas quando será isso, verdadeiramente, não sei. Mas não posso apenas aceitar casar contigo para que você se realize. O que farei com o que sinto? Aí sim, teremos sérios problemas. — João não conseguia conter a emoção.

— Ah, nem sei mais o que falar, João. Não imaginava que nosso jantar teria esse fim. Eu amo você. Queria construir uma vida a dois. Mas não posso obrigá-lo a ficar comigo. Será que não encontramos uma solução para esse impasse? — Cláudia ainda tentou buscar uma saída.

— Cláudia, talvez exista uma solução, mas não consigo enxergá-la no momento. — João sentou-se e seu silêncio gerou uma longa pausa.

Do outro lado da sala, encolhida no canto do sofá, Cláudia sentia o mundo desabar em sua cabeça. Todos os planos esvaindo-se.

— Não vamos prolongar muito esse sofrimento. Eu amo você. Sinto que sou o responsável por esse desfecho, mas não posso desrespeitar o que sinto. — Subitamente João levantou-se. — Tornaria nossa vida a dois um inferno. Vamos dar um tempo. Já estou indo. Ligo para você um dia desses. — João tomou o caminho da porta.

Cláudia ficou sentada. Tinha o olhar cabisbaixo, o rosto molhado e as mãos apoiadas sobre as pernas. Não conseguiu ver a saída de João.

"Doce ilusão achar que a tão sonhada felicidade havia sido conquistada", refletiu Cláudia, em prantos, sozinha em seu apartamento.

PERGUNTAS PARA REFLEXÃO
Utilize o espaço abaixo para registrar anotações pessoais.

P Esse também é um capítulo dedicado aos amantes! Equilíbrio nas diferentes carreiras da vida é fundamental. O que é finito é o tempo dedicado às diversas carreiras: carreira de pai ou mãe, marido ou esposa, profissional, amigos etc. Como está o seu equilíbrio nessas esferas? O que poderia ser feito para melhorar?

CAPÍTULO 28

As dores do crescimento

A empresa de João conseguiu novos contratos e parcerias e prosperava de forma acelerada. João desenvolveu um modelo de crescimento por meio do licenciamento da marca Get2gether e franquias em outras cidades com grande fluxo de estrangeiros. No Rio, inaugurou sua primeira creche multilíngue e uma casa de festas com serviços de recreação e recepção multilíngue. Esses negócios tomavam conta do tempo dele. Os outros negócios que trabalhavam os grupos, principalmente de adultos, também iam muito bem. De forma direta, eram o cartão de visita para os negócios com o público estrangeiro.

Numa parceria com uma universidade particular, presente em todo país, João celebrou um contrato no qual ele utilizava as instalações ociosas da universidade nos períodos de férias e finais de semana, promovendo cursos e palestras de interesses variados. Para a universidade foi um grande negócio, pois seu ativo estava ocioso naquele período. Focava nos públicos da terceira idade como clientes. Estrangeiros que já tinham sua inserção social consolidada assumiam o papel de palestrantes em temas como a cultura de seus países. Os grupos de *networking* aumentavam cada vez mais.

O faturamento de seu portal multiplicou por 150 com a entrada de patrocinadores e anunciantes que tinham interesse no público estrangeiro e de alta renda.

João formou uma pequena rede de sócios para tocarem o negócio junto com ele. Estavam sempre em contato via celular e rádio, vinte e quatro horas por dia. Além disso, investiu em um sistema de controle que interligava as empresas. Tinha informações precisas a tempo e a hora para tomadas de decisão. Mariana continuava sendo seu braço direito na operação, agora somente parceira no trabalho. Ela havia reatado com o antigo amor e naquele momento viviam juntos, procurando um momento para terem filhos e, quem sabe, casarem. João confiava plenamente em Mariana e apesar de tudo que havia acontecido, tiveram maturidade para superar a relação do passado e se perceberem somente sócios.

João não era o mesmo do inicio da empreitada. Aquele romance incandescente com Cláudia deixou marcas. Apesar de todo o sucesso, uma parte dentro dele havia morrido. No fundo de seu olhar percebia-se um homem triste experimentando um dos piores sentimentos que existem: culpa e arrependimento. João ainda amava Cláudia, mas irracionalmente se afastou e tentou reprimir seus sentimentos. Todos os dias, ao deitar, seus olhos se enchiam de lágrimas ao pensar nela. Sentia vontade de gritar seu nome, de jogar tudo para o alto e pedir perdão. Adormecia nesse estado. Ao despertar, fugia de seu amor afogando-se nas preocupações e desafios do trabalho.

Na empresa, o que deixava João preocupado era o capital humano, as pessoas. João sabia que esse é um dos mais preciosos bens de uma organização, em especial a sua. "São as pessoas que criam as oportunidades de inovação, pois são elas quem estão de frente com os clientes", refletia.

João percebia que cada contribuição era importante, pois criava vantagens competitivas para a Get2gether e gerava aprendizagem para seus colaboradores. De certa forma, indiretamente, todos aprendiam.

AS DORES DO CRESCIMENTO

Qualidade nos serviços, cooperação, alegria e paixão eram os valores que ele queria que fossem permeados em toda a empresa.

Reter talentos era o assunto que mais ocupava seu tempo no momento. Fazia questão de cumprimentar todos os colaboradores e, quando possível, visitar as unidades e ouvir as histórias deles. Em seu íntimo, não acreditava nessa temática de reter talentos. Não aceitava o conceito de talento em si mesmo, dissociado do contexto. Perguntava-se o que era talento e em que condições. Procurou estudar um pouco mais o tema por questões de sobrevivência, mas no final do dia acreditava em suas verdades práticas. Lembrava de quando estava em transição, perdido entre se amarrar a um emprego ou empreender. Entendia que se ele era um talento, a última coisa que aceitaria era ser retido. Daí seu conflito com a expressão, "reter talentos".

As atividades eram novas, mas já estava interessado em manter os melhores colaboradores nelas. Não gostaria de saber que as pessoas se demitiriam porque estavam insatisfeitas com o trabalho que realizavam ou porque não eram valorizados. Procurava conversar com todos e, se sentisse que estava diante de alguém com potencial, fazia de tudo para a pessoa reconsiderar. Vivia em desconforto, pois sabia exatamente o que as pessoas queriam quando lhe contavam que estavam buscando algo que não sabiam o que era.

João queria que as pessoas atuassem com paixão em suas atividades. Valorizar a capacidade de gerar novas ideias a partir das diferenças pessoais, surpreender clientes, manter o ambiente favorável, compartilhar experiências, fazer a gestão adequada e produzir novos conhecimentos eram ações primordiais para cumprir as metas propostas por cada célula do negócio. A célula em si tinha autonomia para muita coisa. Poderia variar desde uma pessoa até dez colaboradores.

Para João foi muito importante manter contato com o professor Frank desde a época de faculdade. A presença dele durante o processo de expansão do negócio contribuiu para que os riscos fossem os menores possíveis. Dessa vez não seria diferente. Eram bons amigos, e o professor prestou vários serviços de consultoria para a Get2gether.

Em um *happy hour* em uma livraria do Leblon, João e o professor Frank conversaram a respeito da questão da retenção de talentos que o mundo profissional estava tendo que enfrentar.

— Professor Frank, é sempre um privilégio conversar com o senhor. — João tinha uma relação de muito respeito e admiração pelo mestre.

— Querido João, eu que agradeço a confiança no meu trabalho e a amizade que construímos ao longo desses anos. — O professor também agradeceu.

— Não sei o que seria de mim se não pudesse contar com seus ouvidos e suas considerações na minha vida pessoal e profissional. — João tinha no rosto a expressão de quem se lembrava de alguns acontecimentos passados.

— Meu caro, vamos ao que interessa. — O professor gostava de agir.

— Venho estudando a respeito da retenção de talentos. Quero tentar manter o padrão de excelência e qualidade nas minhas operações. — João sabia o que queria.

— Muito bem, João. Você está sendo muito inteligente. Manter os melhores garantirá o sucesso contínuo do seu negócio. Existem prática simples para reter o capital humano nas empresas. — O professor gostava muito de João e fazia questão de elogiá-lo.

— Sei que já praticamos algumas ações nesse sentido: mantemos a credibilidade da empresa e da área de gestão de pessoas. Fazemos com que a equipe se sinta respeitada. Garantimos a imparcialidade no tratamento entre os colaboradores. Sei que nossos colaboradores se orgulham do trabalho que exercem. Possuem uma remuneração agressiva e variável, e todos sabem que podem se tornar sócios. Além, claro, de estimularmos o bom relacionamento entre todas as áreas do negócio. — João enumerou alguns procedimentos que já exerciam.

— Você está no caminho certo, João. Tenha em mente que reconhecimento e recompensa, oportunidades de crescimento e autonomia para exposição de novas ideias contribuem genericamente para manter o equilíbrio e as expectativas dos colaboradores —acrescentou o professor.

— Como assim genericamente? — Perguntou João.

— O que te falei é uma receita de bolo genérica. Cada um de nós se motiva e se sente reconhecido de diferentes formas, ou seja, qualquer solução para todos será genérica. É fundamental que você trate cada um de seus talentos como único. Não precisa fazer essa cara. Sei que é uma utopia, mas veja, numa conversa frente a frente, você estará diante de uma pessoa por vez. Então, demonstre que isso seja verdade. As pessoas escutam quando se sentem ouvidas. Cuidado para não entrar na síndrome do Messias e sair por aí pregando suas crenças e objetivos. Você corre o risco de ficar chato — brincou o mestre com um sorrisinho e uma piscada de olho.

João ouvia com atenção as considerações do mestre.

— Venho observando que existem grupos que se colocam no comprometimento com diferentes graus. Por exemplo, vejo uma tremenda dificuldade entre os jovens de classe mais elevada a se sentirem reconhecidos e consequentemente se engajarem em projetos profissionais. De outro lado, quando observo jovens que lutaram ou viram seus pais lutarem por algo que os inspirava, seja socialmente ou na qualidade de vida, percebo um comprometimento ou até uma submissão saudável na vida profissional. É como se a pirâmide de Maslow tivesse sendo acompanhada pela pirâmide social, ou seja, quanto mais alto o nível social, mais sofisticado e sutil será o processo de autorrealização. Não sei se isso faz sentido para você, João — observou o velho mestre e tomou um pouco de água antes de continuar.

— Em paralelo, meu jovem, é importante introduzir valores humanísticos na sua empresa. O seu colaborador precisa saber qual sentido de trabalhar na Get2gether! Será que a causa para eles é igual a sua? Doce ilusão, meu caro. Seu desafio é viabilizar um contexto para que eles construam suas próprias causas e, com consciência, sirvam a causa da Get2gether. Já foi o tempo em que a visão da empresa era inspiradora ao ponto das pessoas comprarem o seu sonho. Elas possuem sonhos, elas querem idealizar seus próprios negócios como você. Curioso, não? — O professor completou.

— É mestre, cada vez mais descubro o quanto não sei — exclamou João suspirando.

— "Só sei que nada sei", isso é coisa antiga, meu jovem. Tenha paciência com você mesmo. Esse é o aprendizado eterno — concluiu o velho mestre com um tapinha nas costas de João.

:

PERGUNTAS PARA REFLEXÃO
Utilize o espaço abaixo para registrar anotações pessoais.

p E você, se sente retido em algum lugar ou com relação a algo?

p Retenção de talento é só uma expressão. Não precisamos crucificá-la, todavia, é importante evoluirmos no contexto. Engajamento talvez seja mais adequado aos dias de hoje. O que você faz para que as pessoas iniciem o processo de engajamento? Como você os dispara? Ou você depende de alguém para fazer isso por você?

CAPÍTULO 29

O sucesso não nos pertence

A festa de aniversário de Leleco, em dezembro de 2009, foi comemorada no estilo dele: um luau em uma praia em Búzios, na casa de um velho amigo de seu pai. O céu estava limpo, era possível ver a Lua e as estrelas. A descontração estava presente em todos os convidados: estavam alegres, tranquilos, leves.

A maioria havia viajado para Búzios na véspera e se espalhou por pousadas e hotéis. Os menos abastados levaram uma barraca para ficar no *camping* ou no jardim da casa onde seria a festa.

Era a primeira vez que João e Cláudia se reencontravam depois do término do relacionamento. A princípio se sentiram constrangidos, apesar de saberem da enorme possibilidade de se verem ali.

Ambos estavam livres e desimpedidos e sabiam cada um dos passos do outro. Contaram os acontecimentos recentes, como se tudo fosse uma novidade. Conversaram sem mágoas a respeito do que tinha acontecido com o namoro e, da boca para fora, compreenderam que tinham tomado a melhor atitude. João estava visivelmente arrependido. Leleco e Caio observavam o casal de longe e perceberam que o clima era de cordialidade e respeito mútuo. Decidiram se aproximar e brindaram à saúde e vida longa de Leleco, e também por estarem juntos naquele momento de comemoração.

O professor Frank, convidado ilustre de Leleco, chegou a tempo de ver os quatro reunidos. Leleco tratou de buscar logo um *drink* para o mestre. Dessa vez, brindaram a chegada do professor.

— Estou muito orgulhoso de estar com vocês nesse momento. — O professor foi o primeiro a manifestar-se.

Mais um brinde foi erguido. Sentaram-se em cadeiras próximos uns dos outros para conversarem a respeito da vida até então.

Caio fez questão de contar que atualmente era um dos gerentes da área comercial, com aproximadamente apenas seis anos de formado. Demonstrou que era muito agradecido às conversas com o professor, que sempre o incentivaram a refletir em qual deveria ser o melhor plano a seguir, não obtendo respostas diretas, mas fazendo as melhores perguntas. Disse, ainda, que passou por muitos momentos de incerteza e decepção, mas que o aprendizado valia a pena, pois o fez chegar onde queria estar. Caio realmente havia se encontrado e estava contribuindo bastante para o crescimento mútuo dele e da empresa. Estava seguro de suas escolhas e atento às armadilhas que às vezes seu modelo mental o colocava.

Todos concordaram que cada um, de maneira individual, tinha passado por mudanças de comportamento significativas. Caio só lamentou que ainda não havia encontrado uma namorada que aguentasse sua maneira sistemática e meio chata de ser e viver. Todos riram.

— Procura-se mulher rica, gostosa e com paciência para aguentar cara de bom trato, muito chato e sistemático! — Leleco anunciou bem alto sacaneando Caio.

— Aí é propaganda contra, Leleco. Pô, vê se ajuda! Não se chuta cachorro morto — Caio resmungou tentando se defender.

O professor Frank disse a Caio para não desanimar, que a vida é uma jornada que exige presença e atenção constantes. Todos permaneceram em silêncio para ouvi-lo.

O SUCESSO NÃO NOS PERTENCE

— Pessoal, no eterno movimento da vida, estamos sempre sendo desafiados de diferentes maneiras. Podem surgir um grande amor, a conquista de um novo emprego, uma separação, uma doença ou uma gravidez. A cada instante pode surgir um mundo desconhecido a nossa frente. — O professor falava com tranquilidade, bebericando seu *drink* vez ou outra.

Todos olharam para Cláudia quando ouviram a palavra gravidez. E rapidamente ela balançou o dedo indicador, dizendo que não.

Os quatro estavam atentos às palavras do professor Frank e João obsevou que aquela era a segunda vez em anos que os quatro estavam juntos com o mestre numa roda. Cláudia lembrou que a primeira vez foi na cantina da universidade. Um clima de nostalgia pairou no ar.

Cada um trazia nas próprias lembranças o tipo de desafios que encontraram até ali.

João foi o primeiro a falar depois das palavras do professor.

— Mestre, tenho certeza que cada um que está aqui teve experiências que foram responsáveis por momentos de alegria, tristeza, desespero e de grandes mudanças na vida — disse.

— Sim, João. Vale a pena viver honrando quem somos. Se conseguirmos alinhar nosso discurso, as atitudes do dia a dia já serão um grande avanço pessoal e profissional. Afinal, o que é o tão sonhado sucesso profissional ou pessoal? — inquiriu.

Os ex-alunos permaneceram calados enquanto o professor os fazia refletir mais uma vez.

— O que é o sucesso? Quem se arrisca? — perguntou olhando para o céu.

— Uma vez conversamos sobre isso, mestre — Cláudia rompeu o silêncio e continuou. — Aprendi que dependemos do outro para sentirmos o sucesso. Na verdade, o sucesso não nos pertencesse. A cada situação ou momento, o mundo nos concede o direito de sabermos que fizemos o certo e benfeito. É nesse momento que sentimos o sucesso, nos sentimos reconhecidos — explicou Cláudia exalando charme.

— Lindo! — exclamou Leleco, já meio alto pela bebida. — Só não te agarro porque meu amigo João vai chorar — afirmou Leleco bem alto.

João quase pegou fogo de tão vermelho que ficou, mas procurou não falar nada. Seu coração estava apertado.

O mestre voltou para Cláudia:

— Isso mesmo. O sucesso precisa ser conquistado. Buscar conhecimento, desenvolver competências, alinhar discurso à prática e ao comportamento são apenas alguns fatores que podem nos ajudar a sentir o sucesso. Mas para cada um existirá um significado do que ele é. Numa análise mais filosófica, o sucesso é sentido por meio dos outros, ou seja, só o sentimos quando o outro nos reconhece.

O professor continuou seu discurso:

— Vocês estão experimentando uma nova etapa da vida. A carreira de vocês começou a amadurecer. Cada um possui as próprias crenças, valores, missão de vida. Ou, pelo menos, deveriam se conhecer o suficiente para ter conhecimento disso — brincou o professor.

Todos riram e se arrumaram nas cadeiras. Era uma puxada de orelha básica.

— Creio que tenho crenças, valores e missão de vida. Para mim eles existem sim. Mas se o senhor me perguntar quais são eles nesse exato momento, não sei se saberei responder com precisão — Caio decidiu confessar.

— Muito corajoso da sua parte, Caio, ser sincero. Não sou o tipo de pessoa que dá respostas. Gosto dos questionamentos, das perguntas. Então vou deixar algumas com vocês, para que reflitam:

— Quem são vocês como profissionais? Que tipo de legado vocês querem deixar nas empresas, e no mundo? Quais são os principais desafios que vocês, como líderes, têm? O que fazem efetivamente para que sejam considerados profissionais diferenciados dos demais no mercado de trabalho? — O professor instigou o grupo.

— Bem, não sei se lembrarei de todas as paradas aí, mas sinto a necessidade de pensar a respeito. — Leleco manifestou o que pensava.

— Gravei as perguntas no meu celular. Amigos, depois distribuo para todos. Estou me sentindo dentro da sala de aula — Cláudia brincou e todos riram.

Todos manifestaram gratidão e sorriram mutuamente. Nesse instante, a namorada de Leleco fez sinal para que ele fosse ao encontro dela. Quando ele retornou ao grupo, convidou a todos para cantarem o parabéns.

— Pessoal, fui comunicado que vamos cantar o parabéns. O bolo nos aguarda! — exclamou Leleco.

João caminhou até o local do bolo pensando no quanto gostava de estar com aquelas pessoas e como o aniversário de Leleco foi legal para rever o grupo. Ele percebeu o quanto eles gostavam da companhia uns dos outros e como conversar com o professor Frank naquele dia fez com que cada um se conscientizasse mais a respeito da própria vida e do como a estavam experimentando até então. Todos aqueles pontos eram fundamentais na direção que ele queria levar sua vida. Desejava ter tido todo esse aprendizado lá trás, quando saiu da faculdade. Olhou para o horizonte e concluiu sua reflexão:

— Talvez não tivesse graça. Seria fácil demais. — Olhou para Cláudia e disse — Que bom que você está aqui conosco! Adoro quando estamos juntos. Quando será o próximo encontro?

O próximo encontro prometia emoções diferentes e individuais.

:

PERGUNTAS PARA REFLEXÃO
Utilize o espaço abaixo para registrar anotações pessoais.

P Doce ilusão! Seu sucesso não te pertence. Ele depende dos outros ao seu redor. Sem os outros para te reconhecerem, o sucesso não tem significado. Esse jeito de olhar faz sentido para você?

P Seu legado é a materialização de seu sucesso por meio dos outros. Como você está preparando todos ao seu redor para garantirem seu legado, ou melhor, seu sucesso?

CAPÍTULO 30

Legado de uma vida — julho de 2011

O telefone de João tocou às vinte e três e quarenta e cinco da noite. Caio tinha a voz trêmula.

— João, amigo, a notícia não é boa, mas você sabe que não sou de rodeios: o professor Frank faleceu! — Caio calou-se depois de contar.

— Cara, não é possível. Estive com ele semana passada. Como isso aconteceu? — João não queria acreditar. Estava chocado, paralisado e precisou sentar no chão para tentar absorver a notícia.

— Foi um ataque fulminante. Acredite se quiser: durante o sono — Caio respondeu.

— Passa todas as coordenadas, amigo. Encontro contigo já. — João teve de se convencer da triste notícia.

Quando chegou ao local do velório, no meio da madrugada, João observou o ambiente com cuidado. O local estava lotado. Todos estavam com a aparência de surpresa e rostos sonolentos. Eram quase quatro da manhã.

O grupo de amigos ainda estava desfalcado. Leleco estava a caminho. Caio se mantinha muito calado e Cláudia chorava sem parar. As lágrimas lhe escorriam pelo rosto incessantemente. João a amparava, tentando consolar a amiga.

Enquanto o velório acontecia, João notou e identificou presidentes de empresas, líderes políticos e pessoas influentes presentes e pensou que esse momento igualava a todos em um mesmo sentimento: realidade nua e crua. A transcendência de uma pessoa lembrava a eles que qualquer um poderia estar no lugar do mestre.

No mesmo momento que ia perguntar por Leleco, Caio fez um sinal para João olhar para o lado direito. Aquela direção mostrava a porta de entrada. Quem chegava naquele instante era o prefeito, que se aproximou de outras pessoas que pareciam importantes.

Quando Leleco chegou, Cláudia ainda chorava. Não conseguia dizer uma palavra.

— Poxa, *brothers*, a gente realmente acreditava que esse momento não aconteceria nunca. — Chorava, tentando abraçar todos.

Ficaram em silêncio, sentados fora da capela até o meio da manhã.

— Tenho um pedido para vocês: depois vamos lá para casa. Não quero ficar sozinho quando sair daqui e creio que vocês também não — disse Leleco, emocionado, com certeza do que queria.

O silêncio continuou, agora sem choro.

João usava camisa e calças escuras. Não porque a ocasião pedia aquele tom. Seu estilo pessoal o impelia a escolher cores sóbrias. Todos também estavam muito sóbrios nesta noite. O som das vozes começou a alcançar os ouvidos de João.

— É... não tem jeito, este dia chega para todos — disse Leleco, inconsolável.

— Para alguns não deveria chegar nunca! — Cláudia lamentou, em voz baixa.

— Lembro a primeira vez que assisti à aula dele. Eu estava num daqueles momentos sombrios. Não fazia a menor ideia do que queria fazer e as palavras do mestre me deram uma sacudida, sabe? — Caio sorriu ao recordar do acontecido.

— Esses momentos parecem nos perseguir com frequência, amigo — refletiu João.

LEGADO DE UMA VIDA — JULHO DE 2011

Cláudia emitiu um choramingo. Os amigos se entreolham e conseguiram ler nos rostos uns dos outros como algumas pessoas permanecem presentes na ausência.

— O mestre nunca esteve tão próximo de nós como hoje. — João se manifestou mais uma vez e lembrou-se de uma passagem das conversas entre eles:

"João, o conformismo deve ser proibido à vida do ser humano. É necessário ousar, arriscar. Sempre fui adepto desta filosofia e continuarei a ser", disse o mestre. "Concordo com o senhor. Mas em alguns casos somos impotentes para encontrar uma solução", João replicou. "Meu amigo, nessas situações que estão fora do nosso controle, nada há para ser feito. Só resta nos conformamos e seguir com a vida", afirmou o mestre com calma.

João tinha a mente povoada de pensamentos que o remetiam a momentos com o professor, com as decisões que teria de tomar no dia seguinte e o que significava viver a vida sem a presença de um ser humano ao qual admirava e tinha contribuído sobremaneira com a vida dele.

Todos sabiam que o professor era uma pessoa com talento para tirar o melhor de cada um e que, nesse ponto, era incansável. Enquanto não conseguisse que a pessoa percebesse como era importante em sua própria vida, ele empenhava-se em fazê-la descobrir. Como ninguém, o mestre sabia que a vida era um processo com início, meio e fim e que acordos eram definidos o tempo todo para alcançar o que se desejava. Ele sempre encorajava a todos a procurar o melhor em si mesmo e prestar atenção no outro, no meio, ao redor, sempre com foco no cliente.

Naquele dia, já no final da manhã, as horas pareciam se arrastar. A despedida do mestre havia mexido na estrutura emocional dos quatro amigos. Muitas homenagens foram prestadas e discursos emocionados deixaram os rostos molhados. Por ser um domingo, seria possível passarem o dia juntos. Eram muitas lembranças e momentos marcantes. Sabiam a importância que o mestre teve para a vida de cada um.

Os amigos compartilharam entre si as histórias pessoais que vivenciaram. Perceberam que ele conhecia bem cada um. Fazia questão que cada um conhecesse os próprios valores, missão e propósito de vida.

Todos ouviram dele, continuamente, palavras de motivação, incentivo e reflexão. Ele sempre dizia: "Escolha qualquer área da vida que queira trabalhar: saúde, relacionamentos, espiritualidade, finanças, carreira, administração do tempo, família... Tenha clareza do que quer alcançar, defina seu sonho, sua utopia, a quem você serve, determine os prazos, seja comprometido, supere os desafios que aparecem ao longo do caminho, mantenha o foco no presente e no futuro. Isso não é uma fórmula mágica. Você pode chamar de técnica, metodologia, processo, não importa, o primordial é seguir sua essência. De onde você vem, quem é você e para onde quer ir?"

Ao mesmo tempo, os amigos retiraram das carteiras o discurso que o professor tinha colado à mesa de trabalho e que servia como fonte de inspiração para atingir as próprias metas.

Todos sorriram e se abraçaram com a certeza de que o mestre continuava presente, para sempre, no coração e na memória de cada um.

Por volta de meio dia, Caio observou a chegada de um rosto familiar à distância. Ao se aproximar, Caio o reconheceu. Era o sr. Rodolfo, diretor-presidente da empresa onde ele trabalhava. Caio esteve com ele algumas vezes em apresentações na época do planejamento e também agora, na área de vendas.

— Como vai, senhor Rodolfo? Eu sou o Caio, trabalho em sua empresa e fui aluno do mestre Frank — apresentou-se Caio respeitosamente.

— Caio, hoje perdemos uma pessoal admirável, digna e importante. Um homem do bem — Rodolfo falava com pesar.

— Senhor Rodolfo, é verdade. É muito triste para todos nós. Desculpe perguntar, mas de onde você conhecia o professor Frank? — Caio estava curioso para saber desde o momento em que o tinha visto entrar.

— Como essas pessoas que estão aqui ou, pelo menos, a grande maioria, sou um ex-aluno dele também. Muitos presidentes, políticos e pessoas influentes aqui presentes se beneficiaram do conhecimento que o saudoso Frank fazia questão de transmitir. Agora, nós e vocês, devemos dar significado e continuidade ao sucesso da carreira dele. Vocês pensaram que só vocês tiveram o privilégio de serem alunos dele? Doce ilusão! Somos seu legado.

FIM

:

WWW.MYJOBDOCEILUSAO.COM.BR

Toda receita referente aos direitos autorais desta obra será diretamente revertida ao Instituto e Creche Amigos do Caminho da Cidade de Três Rios – RJ, cidade natal do autor.

É você quem constrói o seu futuro, mas nós podemos ajudar.

UM BOM PLANEJAMENTO DE CARREIRA É FUNDAMENTAL.
VOCÊ TEM UM PLANO DE CARREIRA?
Saber aonde você quer chegar – e como – é essencial para alcançar o sucesso almejado. Os profissionais de hoje precisam estar preparados para gerir suas carreiras, tendo clareza de seus propósitos para atingir seu objetivo maior.

PERFEITO PARA VOCÊ
- Você almeja ascensão profissional?
- É um profissional que deseja rever suas escolhas de carreira?
- A inda não possui clareza dos próximos passos?
- Quer ter consciência de suas forças e vulnerabilidades para alcançar seus objetivos?

O JEITO MY CAREER
O My Career é um programa de aconselhamento e planejamento de carreira cuja metodologia é centrada no desenvolvimento pessoal e profissional.

Nossas tecnologias são aplicadas por meio de atividades presenciais e/ou com interação via web, conduzidas por um consultor especialista em carreira. Você pode acessar o conteúdo quando e onde quiser, sempre que sentir necessidade.

POR QUE ESCOLHER O MY CAREER?
- Você construirá um plano de ação com base em resultados claros e objetivos;
- Um consultor de carreira o acompanhará durante todo o processo, presencialmente, por videoconferência ou por telefone, de acordo com a sua necessidade;
- Você decide onde e quando fazer suas atividades.

Nossa metodologia de trabalho garante que cada programa seja tratado de forma personalizada, respeitando suas expectativas, sem perda de foco e tendo como base uma criteriosa análise de suas condições pessoais e do contexto onde você está inserido.

COM A EXPERTISE DA LHH | DBM
A Lee Hecht Harrison | DBM é líder mundial na área de Desenvolvimento de Talentos. Estabelecemos conexão entre pessoas e trabalho por meio da prestação de serviços de Aconselhamento de Carreira inovador, ajudando os indivíduos a melhorar seu desempenho por meio do desenvolvimento da carreira e liderança.

A Lee Hecht Harrison | DBM possibilita transformar seus desafios de Desenvolvimento de Talentos em oportunidades de melhoria de negócios.

De acordo com suas necessidades e perfil, construímos programas inovadores que se adaptam ao perfil de seus profissionais a um custo viável para sua organização, proporcionando a combinação certa entre tecnologia e pessoas. A Lee Hecht Harrison | DBM oferece mais opções e entrega os melhores resultados.

A LHH | DBM apoia 70% das empresas listadas na Fortune 500 e 80% na Global 500 em seus esforços no Desenvolvimento de Líderes em todos os níveis, Retenção e Engajamento de Talentos Críticos e Manutenção da Produtividade em Processos de Mudanças – permitindo às organizações otimizar o retorno sobre o investimento em pessoas e auxiliando os indivíduos a atingir seu potencial máximo.

- mycareer@mycareer.com.br | [11] 3144-3510

Contato com o autor:
jfigueiredo@editoraevora.com.br

Esse livro foi impresso pela Edições
Loyola em papel Lux Cream 70 g.